T0243568

# La AMBICIÓN también es DULCE

# MARISA LAZO

## *La* AMBICIÓN *también es* DULCE

La autenticidad, la generosidad y la intuición
como herramientas para alcanzar el éxito

Grijalbo

**La ambición también es dulce**
*La autenticidad, la generosidad y la intuición como herramientas para alcanzar el éxito*

Segunda edición: marzo, 2024
Primera reimpresión: abril, 2024

D. R. © 2022, Marisa Lazo

D. R. © 2024, derechos de edición mundiales en lengua castellana:
Penguin Random House Grupo Editorial, S. A. de C. V.
Blvd. Miguel de Cervantes Saavedra núm. 301, 1er piso,
colonia Granada, alcaldía Miguel Hidalgo, C. P. 11520,
Ciudad de México

penguinlibros.com

ISBN: 978-607-384-441-3

Impreso en México – *Printed in Mexico*

*A Inés y María José,*
*por iluminar cada uno de mis días,*
*por mostrarme lo gratificante*
*y productivo de trabajar en equipo,*
*por su apoyo incondicional, crítico y honesto.*
*Más que nada en el mundo agradezco su cercanía...*
*Ser su mamá me ha hecho feliz*
*y un mejor ser humano.*
*Las quiero inmensa e intensamente.*

# Índice

# Introducción

## Se lo debo a mi pasión, a la insistencia de una amiga y a un pay de pera con almendras

*Solo hay dos maneras de vivir tu vida.*
*Una de ellas es como si nada fuera un milagro.*
*La otra es como si todo fuera un milagro.*
ALBERT EINSTEIN

Desde que tengo uso de razón, recuerdo haber sido una dulcera de hueso colorado. Siempre he sido una verdadera aficionada a los chocolates y a los dulces, a tal grado que todo el dinero que caía en mis manos me lo gastaba en el pequeño negocio de doña Lupe, la dueña de la tiendita de la esquina de casa de mis papás. Mi mamá, por supuesto, me tenía prohibido comer tantas golosinas, por lo que en muchas ocasiones tenía que esconderme para seguir disfrutándolas.

Una tarde, cuando tenía como 12 años, me subí con mi prima Ana al techo de asbesto de un cuartito que había en nuestro jardín, donde se encontraba un baño en el que guardaban tiliches y herramientas. Felices, llevábamos una bolsa llena de Pulparindos, mazapanes y chocolates Tin Larín. El techo no soportó nuestro peso y las dos caímos estrepitosamente dentro del baño sufriendo múltiples heridas. Ambas terminamos en el hospital, y yo salí con dos cosas: una herida suturada con 15 puntadas y un fuerte regaño por ser la organizadora del picnic que terminó en tragedia. Además, estuve castigada por varias semanas sin poder comprar ni un solo dulce, me habían castigado con lo que más me dolía. ¿Cómo iba a sobrevivir sin mis galletas de chocolate favoritas todo ese tiempo? No me iba a quedar con los brazos cruzados, tenía que hacer algo al respecto, así que decidí preparar mis propias galletas. Fue así como cociné mis primeros polvorones de nuez (una receta sencilla, de solo cuatro ingredientes, misma que hoy en día utilizamos para nuestros famosos polvorones y que comparto al final del libro). Ahí descubrí una gran pasión, aún más grande que comer deliciosos postres: prepararlos, sin saber que esa pasión iba a definir el rumbo de mi vida.

Los polvorones fueron todo un éxito, a mis hermanos les gustaron mucho, se los acabaron en cuestión de minutos. Desde ese día invariablemente cuando probaba algún postre rico en casa de alguna de mis amigas pedía la receta (es triste pero ¡hoy en día nadie me comparte una receta, jaja!). Con el tiempo fui llenando mi recetario y disfrutaba mucho de hornear pasteles y galletas para cualquier ocasión, incluso para comérmelos yo sola.

Siendo muy honesta, no hay nada que me guste más que comer galletas, pasteles y chocolates. Me gustan sobre todo los pasteles que tienen mucho chocolate, cuya consistencia es espesa, tipo brownie, o las galletas rellenas de dulce de leche que al morderlas se desbordan por tener mucho relleno; también me encantan las galletas de mantequilla rellenas de mermelada, esas que se desbaratan en cuanto las muerdes. ¡Por eso soy la más feliz todos los días yendo a trabajar! No hay un domingo que piense "¡qué flojera, no quiero que sea lunes!" ¡Para nada! Me siento igual de feliz trabajando que en mis vacaciones. Literal.

Ya estando casada, cuando había una reunión de amigos o familiares siempre me ofrecía para llevar el postre. De esta manera la gente cercana fue conociendo mis especialidades y no dudaban en pedirme que llevara tal o cual postre para disfrutar en la reunión, siendo los de chocolate los más aplaudidos. Me emocionaba ver sus caras de satisfacción al probarlos. Pensar que con algo que yo había preparado podía hacerlos felices me llenaba el alma. A decir verdad, no sabía en qué terminaría todo esto que tanto me apasionaba, pero sí sabía que yo era la más feliz horneando y pasando horas preparando nuevas recetas.

Así llegó el día en agosto de 1992 en que una amiga, que se distinguía por ser detallista y espléndida, me pidió que le vendiera un pay de pera con almendras, pensaba regalárselo a una señora que le había hecho un gran favor. Traté de convencerla de hacerlo sin costo alguno, pues para mí era un gusto hornear, pero a ella no le parecía correcto saludar con sombrero ajeno. Finalmente me convenció, se lo vendí calculando el costo de los ingredientes y una ganancia. A la señora que se lo regaló le encantó, por lo que al siguiente viernes me marcó para expresarme con gran emoción cuánto le había gustado y me mandó a hacer dos pays más para el fin de semana. ¡Me sentía la más feliz! Me pagarían por hacer lo que más me gustaba y, además, podía sacarles una sonrisa a todos los que los probarían, ¡maravilloso! A partir de ese día empezaron mis pedidos entre amigos y familiares, quienes a su vez recomendaban mis productos entre sus conocidos y así fue como la demanda fue creciendo día con día.

En ese momento mis hijas tenían uno y dos años, por lo que dividía mi tiempo entre mi rol de madre y la repostería, mi pasión, dando lo mejor de mí para cumplir con tan importantes misiones a la perfección. Esos primeros años fueron relativamente sencillos porque tenía en un mismo lugar a mi familia y mi pequeño negocio. Recuerdo ir corriendo de un lado al otro, al mercado a comprar los ingredientes, luego entregando pedidos en algunos restaurantes y cafeterías y regresando más tarde a cobrar las notas de crédito. Por lo general me llevaba a mis hijas conmigo para de esta manera estar juntas y aprovechar más el tiempo.

En un inicio horneaba los pasteles y las galletas en mi cocina, con una batidora pequeña verde, marca Osterizer, ¡la recuerdo perfecto! Mis primeros ahorros se fueron directo a comprar una batidora más grande. Poco después compré un horno de cinco charolas que instalé en la cochera de mi casa. Llegué a tener hasta tres hornos, más refrigeradores y congeladores regados por toda la casa. Durante cinco años estuve trabajando así, desde la comodidad de mi hogar, produciendo solo sobre pedido y mis clientes recogiendo sus postres en mi cochera.

El éxito fue tal, que llegó un momento en el que ahí ya no cabía, entre hornos, batidoras y refrigeradores, así que en 1997 decidí abrir mi primer punto de venta. Fue un gran paso que di con toda la ilusión del mundo, segura de que me iría muy bien (siempre he sido extremadamente positiva), y le puse por nombre **Marisa**, porque mis clientes así conocían mis productos: la rosca de chocolate de Marisa, las galletas de avena de Marisa, etcétera. Uno de los recuerdos más lindos que conservo es cuando vi mi marca pintada en el toldo del local. No cabía de orgullo y emoción. En ese entonces no tenía dinero para mandar a hacer un logo con algún diseñador profesional. Sin embargo, para mi gran suerte, José, el instalador del toldo, se ofreció a dibujarme un logo argumentando que él era bueno en esas cosas. Acepté su propuesta muy agradecida y así abrí mi primer local con su diseño no solo en la fachada, sino también en los empaques y en la papelería.

Esa primera versión la recuerdo con mucho cariño. Era un diseño simple y básico, tenía los mismos colores beige y café de la mayoría de las marcas de panaderías y estaba escrito con la letra más normal y típica que encuentras en una computadora. Siempre le estaré agradecida a José porque al final me di cuenta de algo muy importante:

## Una empresa no es un logo, es pasión mezclada con un gran producto.

Gracias a la apertura de esta tienda las ventas crecieron de manera significativa debido a que el producto estaba disponible para el público, y de esta forma no dependíamos solo de atender la demanda de los pedidos de la familia y amigos.

Obviamente yo seguía emocionada por las caras de satisfacción de mis clientes y por la atracción de muchas caras nuevas.

En los años siguientes continué abriendo más puntos de venta hasta que monté una pequeña fábrica donde instalé un horno industrial y una cámara de refrigeración. En un principio inauguraba más o menos un local cada 12 o 14 meses; sin embargo, en 2022 llegamos a inaugurar hasta 12 locales en un año. Ha sido un largo camino, de enormes aprendizajes, de muchos aciertos, pero también de grandes errores, los cuales me han permitido crecer como persona y convertirme en una mejor líder que ha sido capaz de construir un gran equipo de trabajo que ha crecido junto conmigo, ya que más de 80% de los líderes y directivos dentro de la empresa son personas que han estado a mi lado desde mis inicios. Pero, además, he tenido el gran privilegio de convertirme en empresaria a pesar de no haber estudiado una carrera de negocios o administración.

Mi licenciatura y maestría son en psicología y psicoanálisis. ¿En qué momento me convertí en empresaria? ¡Lo mismo me pregunto yo! Resulta que tenía varios amores y pasiones en mi vida, y los que ganaron fueron los pasteles. Aunque por varios años dividí mi tiempo entre la psicología y la repostería. Recuerdo que fueron tiempos muy estresantes, dando terapia, estudiando, investigando, siendo mamá de dos niñas pequeñas, horneando y vendiendo pasteles. ¡Corría todo el día!, convencida, como la mayoría —grave error—, de que tener mil cosas que hacer y una agenda llena me hacían una persona exitosa.

Hoy tengo claro que el éxito es otra cosa completamente diferente que estar ocupada. El éxito es trabajar en lo que te apasiona, en aquello que amas, es sentirte satisfecha con lo que haces y con lo que vas consiguiendo y, sobre todo, en hacer felices a los demás, así como lo hago con mis postres y mis galletas.

Un buen maestro chileno, Ziley Mora, con quien tomé un curso de ontoescritura, solía decirnos: "No hay mejor negocio que ser congruente con uno mismo". Finalmente, con quien pasamos las 24 horas del día de todos los días de nuestra vida es con nosotras mismas, así que nada más liberador que ser congruentes, haciendo lo que nos apasiona en la vida, con valentía, firmeza y decisión.

Todo lo que aprendí estudiando psicología me ha ayudado a ser una mejor líder en mi empresa, a poner atención en aspectos diferentes a los contables y administrativos, por ejemplo, a fijarme en otros indicadores relacionados con el bienestar de nuestra gente. Aprendí a ser más empática, observadora y a darles un gran valor a las emociones de las personas, por ello, dentro de la empresa tenemos varios programas y cursos que van enfocados a mejorar la vida de nuestros colaboradores con temas y herramientas que podrían parecer que no tienen nada que ver con la producción o venta de pasteles, pero que sí tienen un impacto en la productividad del equipo y sobre todo en su satisfacción en el trabajo, como un curso de maquillaje y arreglo personal. A mí me encanta tener gente feliz trabajando con nosotros, me emociona ver sus sonrisas.

Cuando me invitan a dar una conferencia siempre procuro cerrar con mi frase favorita: **"La generosidad genera abundancia"**, escrita por el Dalai Lama. La comparto con ilusión, porque una y otra vez he podido comprobar su veracidad y porque me interesa que más y más personas la vivan. Entre más damos, entre más ayudamos y entre más pensamos y trabajamos por los demás, mejor nos va en la vida. Así de sencillo, es una regla infalible. En un inicio de mi negocio regalaba 10 pasteles y vendía 100, después empecé a regalar 100 y vendía 1 000, hoy en día regalamos miles de pasteles, en las cárceles, en las asociaciones, en distintas fundaciones y vendemos cientos de miles más.

Por supuesto que tuve que hacer sacrificios, bueno, no sé si los llamaría así porque nunca he vivido mi emprendimiento como un sufrimiento o un martirio. Jamás he tenido deseos de "aventar la toalla". Más bien diría que sí, sí ha implicado muchos retos, como organizarme mejor, guiarme con mi lista de prioridades y mantenerme enfocada. A pesar de todo, puedo asegurarte que vale toda la pena dedicarte a lo que te llena el alma, a lo que es tu pasión. Si lo consigues, el éxito se te dará de manera más natural. La gente nota cuando eres feliz y disfrutas lo que haces, y esto se puede convertir en una especie de imán que atrae a los demás, tal vez de manera inconsciente, no solo a querer consumir tus productos, sino incluso a querer trabajar contigo y hacer equipo. A lo largo de todos estos años he vivido en carne propia lo agradable y satisfactorio que es trabajar con personas que saborean su trabajo, mientras enfrentas el gran desafío de construir una empresa.

Gracias a este camino de 30 años hoy estoy feliz con más de 100 puntos de venta y más de 1 200 colaboradores. Me siento satisfecha, agradecida y en paz. Sobre todo, me siento más libre, sin la necesidad de ir por la vida demostrando que soy capaz y que soy una buena empresaria o madre. He conseguido subirle el volumen a mi voz interior y bajarle el volumen a las voces exteriores.

Y esta sensación de libertad, de plenitud, de satisfacción es justamente lo que quiero compartir contigo a través de este libro. Un poco de inspiración y de lo que he aprendido, para que goces tu propio camino y los retos que implica emprender siendo mujer o siendo mamá. Que elimines tus culpas, que te animes, que disfrutes creciendo como ser humano, construyendo a tu equipo y consigas al mismo tiempo tener un impacto positivo en tu comunidad.

He aprendido cómo en la construcción de nuestro éxito y felicidad influye una y otra vez nuestra manera de pensar. ¡Pocas cosas son tan poderosas como nuestra mente! Más importante que los eventos externos es *la lectura* que cada una de nosotras les damos a las cosas y situaciones que enfrentamos, vivimos y encontramos en el día a día. Esos miedos y hábitos que tanto nos detienen, así como esa seguridad y empuje que nos alienta a movernos, todos se desarrollan dentro de nuestra mente.

## Somos lo que pensamos.

Uno de mis objetivos en la vida es demostrar que no solo es sano y legítimo luchar por nuestros sueños y que la mejor manera de hacerlo es convirtiéndonos en *protagonistas de nuestra propia vida*. Para mí todo cambió en el momento en que me convencí de que era legítimo perseguir mis sueños, que no estaba haciendo nada indebido o prohibido al salir de mi casa, emprender y construir una empresa. Y por eso deseo que experimentes en carne propia la maravilla de vida que puedes crear al tener en tus manos el timón de tu barco, sin permitir que otras personas decidan el rumbo que debe tomar tu camino, siendo fiel a ti misma.

Pero, sin duda, el deseo más sincero detrás de este libro que hoy tienes en tus manos es que te sirva primero para cuestionarte si la vida que estás viviendo es la que tú soñaste o imaginaste, o la que te adoctrinaron. Y, segundo, que te funcione como guía e inspiración para vivir una gran versión de ti, ya sea emprendiendo sin miedo y con alegría o haciendo aquello que más amas.

Finalmente, he aprendido que cuando decides emprender algo se ponen en juego dos áreas. Una de ellas es el área técnica. Esta es la parte del conocimiento, el componente intelectual, creativo, son las habilidades técnicas que desarrollamos, es la que aterriza y ejecuta. Y la otra es el área emocional. Esta es la que rige tu interior, tu mentalidad, tus creencias, tus hábitos, tu filosofía de vida, tus valores y tus emociones. Se refiere a trabajar en ti, porque he descubierto que no se llega muy lejos en la vida si no crecemos como personas, no se puede crear o manejar una gran empresa si no aprendes a manejarte a ti, principalmente tu mente.

Ambas áreas son vitales para conseguir tus más grandes sueños, aquello que quieres ver en tu vida y en tu negocio. Por ello el libro está dividido en todo lo que he aprendido en cada una de esas áreas. En cómo crecer tu empresa, pero también en cómo crecer dentro de ti y por esta área es por la que empiezo mi libro. Primero te contaré de mi camino en el crecimiento personal y espiritual, de cómo he cambiado mis hábitos y mis creencias, y después pasaremos al espacio empresarial, donde te contaré cómo ha crecido mi empresa a lo largo de los años.

Y bueno, la vida se trata de disfrutar más que de sufrir. Se trata de crecer, evolucionar, sonreír y hacer sonreír a los demás y, por supuesto, de comer galletas. ¡Claro que sí!

Con cariño,

*Marisa*

# Primera parte

# Espacio emocional
## Mi sonrisa

*Desarrolla tu corazón. Demasiada energía
gasta tu país en desarrollar tu mente.*
Dalai Lama

# 1

# Mi familia, mi infancia

## Mi padre fue mucho más que su enfermedad

*A veces los problemas familiares
no requieren una solución para resolverlos;
en su lugar, requieren madurez para superarlos.*
STEVE MARABOLI

Inicio mi libro con la historia de mi familia, de mi infancia, dónde y cómo crecí, el tipo de padres que me tocó, teniendo en cuenta cómo todo esto me marcó, al igual que a cualquier niña, para convertirme en la persona que soy. Te comparto mi historia desde la visión de que esta invariablemente influye en nosotros, pero la infancia no es destino. Nuestro destino lo construimos cada una, con cada decisión que tomamos, sobre todo si decidimos ser *protagonistas* de nuestra vida y no víctimas que lloran y se quejan por su suerte.

Todos tenemos una historia que contar, nuestras familias también. Sin embargo, casi siempre queremos dejar fuera los capítulos dolorosos o vergonzosos que preferimos olvidar. No obstante, compartirlos, hablarlos y externar estos momentos de vulnerabilidad con total honestidad ¡sirve tanto! Abrazar el total de nuestras experiencias —por más penosas que hayan sido—, buscando ser transparentes, honestas y vulnerables, nos ayuda a no dejar fuera aquello que nos dio lecciones de vida, porque es regularmente en las experiencias difíciles cuando más crecemos, aprendemos y maduramos. Nos sirve para poner en perspectiva, resignificar y dar una lectura diferente a aquello que sufrimos y que quisimos no haber vivido. Al traer a la memoria podemos encontrar el aprendizaje, reconocer cómo todas estas vivencias nos fueron formando, impulsaron y aportaron a ser quienes somos.

Existe un sinnúmero de historias de gente destacada, en todos los ámbitos, que tuvo una infancia o adolescencia difícil: una madre alcohólica, o un padre abusador o ausente, enfermedades, escasez económica, en fin... los ejemplos sobran. Pero pareciera que el común denominador es el sufrimiento, las dificultades y los retos, demostrando que estos son los que nos pueden hacer mejores seres humanos, resilientes, luchones, decididos y valientes. Me encanta la historia de las medias hermanas McBride, fundadoras de la compañía McBride Sisters Wine, una de ellas nunca conoció a su padre, vivió carencias con su madre y jamás escuchó hablar de él, ni su nombre, ni su historia, nada. La otra convivió con él hasta los tres años, cuando sus padres se divorciaron. Más adelante, al morir su madre, a los cinco años se fue a vivir a Australia con sus abuelos, a quienes jamás había visto en su vida. No se entiende bien con ellos y termina siendo adoptada por otra familia. Ambas son historias dolorosas y difíciles. Ellas se conocen entre sí hasta después de los 18 años y se identifican y entienden de maravilla desde el primer día. Sin dinero, ni conexiones, ni experiencia, construyeron la segunda empresa de vinatería más grande del mundo, cuyo dueño es afroamericano. Lo admirable de ellas es que no se dejaron definir por su historia o carencias. Todo lo contrario. Fueron resilientes, crecieron ante el dolor y escribieron su vida como ellas lo quisieron. Todos conocemos de cerca historias así, que nos muestran cómo suelen ser las vidas y las familias; complicadas, retadoras, difíciles. La pregunta aquí es: ¿qué hago yo con esto que me tocó vivir? ¿Me quedo en mi papel de víctima quejándome o me convierto en protagonista de mi vida, construyendo mi propia historia?

Como dice Pema Chödrön, una de mis autoras budistas favoritas: "Madura, acepta y ábrete al hecho de que tu vida siempre tendrá alegrías, tristezas, dificultades y gozos". Al mirar atrás, lo que nos ofrece la madurez es darnos cuenta de que la persona en que nos hemos convertido es gracias a todas las experiencias, al cúmulo de historias, de anécdotas y a nuestra *interpretación* de lo vivido.

## Nuestra mente siempre será la que les dé sentido y significado a las cosas.

En cada una de nosotras está la posibilidad de ver estas experiencias como necesarias para madurar, para convertirnos en personas empáticas y sensibles, y —mejor aún— ser de ayuda a los demás. La otra opción es vivir lamentándonos por la familia en la que nos tocó nacer. Todos tenemos la libertad de elegir. ¿Cuál eliges tú?

A lo largo de todos estos años me ha tocado ser testigo de cómo le preguntan a mi mamá (mi padre falleció hace ya 24 años), o directamente a mí y a mis hermanos, ¿cómo hicieron mis padres para educarnos y cómo es que los seis hijos resultamos en cierta manera exitosos en nuestras áreas? Yo siempre les contesto que, además de lo presentes que siempre estuvieron y el gran ejemplo que nos mostraron en el día a día, desde muy pequeños tuvimos una buena dosis de problemas y dificultades familiares, mismos que no trataron de esconder, negar o minimizar.

Creo no equivocarme al decir que lo que más nos afectó y causó sufrimiento en nuestra familia fue que mi papá heredó de mi abuelo la terrible enfermedad psiquiátrica conocida como bipolaridad. ¿Por qué le pongo el calificativo de terrible? Porque heredar y sufrirla (sí, se sufre mucho y sin desearlo se hace sufrir a tus seres más queridos) no tiene que ver con nuestros cuidados de salud, ni con las ganas que le echemos para que no nos afecte. Por supuesto, es posible tener hábitos y prácticas que ayudan a aminorar sus efectos, pero nunca se pueden evitar o desaparecer por completo. Como todas las enfermedades psiquiátricas, la bipolaridad es tremendamente invasiva para quienes la padecen. Por más medicamentos y terapias que se tomen, sus beneficios son de alcances limitados.

Mi padre jamás tomó esas precauciones. Él no lo veía como algo tan grave ni preocupante. Siempre fue relajado, nada aprensivo o azotado. Nunca se quejaba y no dejó que su padecimiento lo limitara o afectara significativamente su vida, lo cual hoy reconozco como algo admirable. Era muy consciente de la enfermedad. Sabía que tenía que estar medicado toda su vida y agradecía que existieran los avances médicos para no tener que pasar por los electrochoques que le tocó sufrir a su papá. Esta es una de las partes más penosas de las enfermedades psiquiátricas: la sufres con tu padre o madre, creces con el temor de heredarla y luego, en un alto porcentaje, la padeces en carne propia.

Así crecemos la mayoría de los hijos de quienes padecen una enfermedad mental. Es por eso que una buena parte estudiamos psicología, otros nos cuidamos en exceso y algunos deciden irse lejos de casa. En fin, cada uno desarrolla su propio mecanismo de defensa, tratando de huir de esa herencia por la que nadie se pelea. Tengo muy presente ese miedo, siempre atenta a los síntomas, buscándolos en mí o en mis hermanos, con el pavor de verlos presentes.

En nuestra casa se habló abiertamente de la enfermedad desde que éramos pequeños, lo cual nos ayudó a ser conscientes, a enfrentarla como equipo, a saber qué esperar y, en especial, a entender el porqué de tantas oscilaciones en el carácter de papá. Aprendí que siempre es mejor hablar con la verdad, por más dura que sea y por más chicos que sean los hijos. Es bastante peor de lo que uno se puede imaginar y pueden surgir culpas equivocadas al no entender qué pasa. La enfermedad no mejora al poner las cartas sobre la mesa, lo que sí mejora es la dinámica familiar. El mensaje es claro: los problemas se resuelven en casa, se enfrentan, no se esconden, no se les huye. Esto en sí solo es un gran aprendizaje, así como las vivencias dolorosas, que traen consigo un beneficio.

Mi mamá solía reunirnos en su recámara a todos sus hijos y nos platicaba los pormenores de las últimas semanas del padecimiento de papá. Recuerdo que a mí no me gustaba nada que nos involucrara en las decisiones sobre la enfermedad. Ahora entiendo que fue parte de mi falta de madurez y un mecanismo de defensa, de negación. "Si no lo hablamos y aparentamos que no lo vemos, tal vez no existe." Confieso que mis hermanos menores solían portarse más maduros que yo. Reconozco que también influía el hecho de que siempre tuve una relación muy estrecha y cercana con mi padre. Me encantaba estar con él, platicar y aprenderle. Lo admiraba y lo quería profundamente, lo cual me hacía difícil aceptar que estaba enfermo. Me dolía ser testigo de sus oscilaciones, sus cambios de personalidad, sus malas decisiones, su falta de principio de realidad cuando se presentaban sus ciclos más enfermos y su dolor. Torpemente y por inmadurez no compartí con mis amigas ni con nadie esa realidad. Todo mi sufrimiento lo escondía cubierto de vergüenza, encerrado en el cajón más escondido. ¡Me hizo tanta falta poder platicarlo! Con un terapeuta o con alguien cercano y querido... No lo hice, me lo guardé y lo sobrellevé a solas.

Una enfermedad como esta hace padecer a toda la familia. Ahora bien, si queremos, podemos verlo desde otro ángulo, con una lectura más amplia, madura y provechosa, por el impacto determinante, profundo, positivo y duradero que tuvo en cada uno de nosotros. Para empezar, a mis hermanos y a mí nos hizo más resilientes, sólidos, empáticos y eficientes para resolver problemas y tomar decisiones difíciles de manera oportuna. Como dice el lenguaje popular: "No nos cocemos al primer hervor". Desde muy chicos aprendimos que la vida trae alegrías y tristezas y que la persona que más te quiere puede también lastimarte sin desearlo. Nos enseñamos a amar a una persona con su luz y su sombra, a convivir con lo que no es perfecto y a disfrutarlo, lo que no es precisamente como lo hubiéramos elegido, pero que es bueno, muy bueno, porque viene a enseñarnos parte de lo que tenemos que trabajar y aprender en esta vida. Nos hicimos comprensivos, menos duros para juzgar, nos acostumbramos a cambiar planes, enfrentar adversidades y conseguir estar bien independientemente de lo que pasara.

Tengo presente, con dolor, cómo cuando era más chica quería cambiar a mi papá por otro menos enfermo, más predecible, más tranquilo. "¿Por qué me tocó a mí este padre imprevisible y enfermo, en vez de mi tío Gilberto que vive enfrente, siempre ecuánime, sereno y sano?" Por fortuna, cuando todavía él vivía, tomé un curso sobre el perdón y gracias a esto pude perdonar su enfermedad, abrazarlo y aceptarlo tal como era, con lo que me gustaba de él y admiraba, así como su lado enfermo y limitado. Incluso pude externarlo en una carta que le escribí. Era una carta larga, amorosa, cercana, honesta, en la que le platicaba cómo de chica lo quería cambiar por otro, pero que en ese momento ya no pensaba así, que, por el contrario, agradecía su presencia en mi vida, su amor y sus enseñanzas. Para él fue muy valioso leerla, al grado que recuerdo que siempre la traía consigo, en su portafolio o en su buró. La conservó, arrugada y manchada, como algo apreciable hasta el día que murió.

Mi padre fue mucho más que su enfermedad, fue un apasionado por la vida y por su trabajo, una persona que nos enseñó el amor por la lectura, el estudio y las conversaciones interesantes. Él podía disfrutar una taza de café como si fuera la última, siempre interesado en diversos temas, enfático en sus opiniones, pero feliz de escuchar nuevas ideas. Le encantaba reunirse con los amigos ante la menor excusa y sé que su compañía siempre fue grata para todos ellos.

Fiel a sus valores, nos enseñó a vivirlos ante cualquier circunstancia. Más que nada fue generoso, genuinamente generoso. Siempre daba propinas de lo doble o triple esperado, repartía a manos llenas cualquier cantidad de dinero que cayera en sus manos. Pagaba de más a sus pasantes en el despacho, repartía y regalaba todo lo que tenía, gozando más al dar que al recibir. Para él no había un mañana, para él nada de ahorrar o esperar... La vida había que vivirla con toda intensidad en el presente y jamás preocuparse por el futuro. Bohemio de corazón, aunque siempre estuviera vestido impecablemente, como todo un abogado.

También nos enseñó el valor de la amistad. Tenía amigos religiosos y "comecuras", conservadores y liberales, algunos mayores que él, otros jóvenes de mi edad, intelectuales, periodistas, políticos, fiesteros y serios también. Como decía mi querida suegra Rosa, es muy fácil ser amigo de los que piensan como tú, el chiste es ser amigo de los que son diferentes a ti, de los aburridos, de los que tienen mal carácter, eso es ser buen amigo, y así era mi padre. En buena medida, lo que mis hermanos y yo somos hoy se lo debemos a él. A ese padre enfermo y amoroso, lleno de altas y bajas, que siempre nos quiso con todas sus fuerzas. A mí me marcó como nadie lo ha hecho. Su amor y su manera de mirarme me dieron la confianza y la seguridad necesarias para aventurarme en el mundo de los negocios con la certeza de que me iría bien. Desde pequeña él siempre me dijo que yo podía conseguir lo que me propusiera, que no había nada en el mundo que no pudiera hacer. ¡Y le creí porque era mi padre! Los padres tienen un peso fundamental en sus hijos y no necesitan ser perfectos, pero sí sentirse orgullosos de ellos y mostrárselos. Que sus ojos se iluminen en el momento que uno de sus hijos entra al cuarto, como dice Toni Morrison, premio Nobel de literatura.

Mi madre jugó un papel esencial en la manera en cómo nuestra familia vivió el reto de la enfermedad de mi papá. Ella consiguió que fuera algo que al final nos fortaleció, unió e hizo más resilientes; una enfermedad que se enfrentaba en familia, entre todos y de manera abierta y consensuada. Tengo presente cómo fue ella ese puerto seguro y estable a donde todos podíamos llegar. Por más desbalances que hubiera, sabíamos que siempre estaría ahí para nosotros, que tendría una respuesta a nuestras dudas y que la dinámica, horarios y agenda general de la casa seguía en pie, todos los días (tareas, horarios de comidas, clases por las tardes, etcétera). Ella sabía que los niños y los adolescentes necesitan estructura y se esforzó por que de esa manera funcionara la casa, a veces siendo muy estricta con horarios y responsabilidades, pero consiguiendo con ello que nos afectaran lo menos posible los altibajos de papá.

Ahora bien, su manera de manejar todo este asunto no estuvo libre de cierta influencia por su lectura de las cosas, sobre todo cuando éramos más pequeños. Algo esperable, al ser nuestra madre, ya que tenía un peso fuerte sobre nosotros. Con el tiempo, una vez adultos, mis hermanos y yo nos lamentamos de que fue "a través de sus lentes" como miramos la enfermedad de papá por muchos años, con su perspectiva y prejuicio. Seguramente ella estaba más cansada de esta situación, era su pareja, no su hijo, y los sucesos se viven diferente desde los ojos de un adulto, las responsabilidades e implicaciones son inmensas. Repaso cómo a veces, lamentablemente, sentíamos como si nuestro padre solo fuera una persona enferma, solo eso, cuando tenía tantas otras cualidades y virtudes formidables. Esto sucede en una gran parte de las familias, sobre todo cuando la enfermedad es estridente, de muchos años, y con poca o nula mejora, como son la mayoría de los padecimientos psiquiátricos.

¿Qué más le aprendí a mi madre de lo que me enorgullezco? Su generosidad y entrega hacia los demás. Desde que tengo uso de razón ha tenido un dispensario en una de las zonas más humildes de nuestra ciudad, donde reparte despensas, ayuda con la reparación de sus casas y entrega medicinas, regularmente con un doctor que hace sus prácticas o su tiempo probono con ella, incluso han trabajado algunos ya retirados. Si este llega a faltar, ella se pone la bata de doctor y reparte jarabe para la tos, medicamentos para la diarrea, cura las heridas a personas con llagas, quemaduras o cualquier afectación. Tiene tantas décadas trabajando al lado de doctores que ha ido aprendiendo mucho sobre medicina, y a todos mis hermanos y familia nos ha curado en diversas ocasiones —la verdad sí le sabe, tiene buen ojo médico y conoce la mayoría de los medicamentos—, sin embargo, yo sí le he cuestionado en varias ocasiones que cómo se pone la bata blanca de doctor y atiende tan quitada de la pena, a lo que ella siempre me responde: "Tú no te metas, que sé más que muchos doctores; además, aquí esta semana no vendrá ninguno y si no los atiendo yo, nadie los va a ayudar". ¡Mi madre hasta el final!

Lo más admirable de su labor es el cariño con que lo hace. La he visto curar y apapachar al más abandonado del barrio, atender y poner inyecciones con toda delicadeza y profesionalismo, siempre cercana, cariñosa y entregada. De igual manera la veo regañando al que no deja de tomar y al que trata mal a su mujer, así como a la señora que tiene demasiados hijos y no tiene para alimentarlos. Conoce las historias de todos, se preocupa por ellos como si fueran su familia, platica de ellos, consigue donativos, colchas, láminas para techar sus casas, lugar en el hospital para que los atiendan, en fin, su labor no para ni los fines de semana. Su amor, cariño, atención y entrega con que lo hace quedarán por siempre marcados en mi memoria, con un respeto y admiración gigantescos.

Me siento muy afortunada de tener la familia que tengo, a pesar de los múltiples retos que tuvimos que sortear, no solo con la enfermedad de mi papá sino en muchas otras áreas de nuestra vida. Hoy estoy segura de que, de no haber sido por todo lo que aprendí de ellos, quizá hubiese hecho mi vida adulta completamente diferente y tal vez este libro ni siquiera existiría.

Thich Nhat Hanh, escritor y gran maestro budista, dentro de sus enseñanzas nos dice que la mayoría de las personas quisiéramos no tener problemas y no sufrir. Esto, además de ser algo imposible, es una idea un tanto peligrosa, porque la compasión y la comprensión no se pueden dar sin el dolor y el sufrimiento. Es solo cuando entramos en contacto con el sufrimiento que estas dos se pueden desarrollar. Sin sufrimiento no tenemos la oportunidad de cultivar la compasión y la comprensión, y sin ellas no puede existir el verdadero amor. Así que no debemos de buscar un lugar o una vida donde no haya dificultades y solo felicidad.

Al pasar de los años, sobre todo con mi trabajo en terapia y de *coaching* he podido descubrir cómo un montón de vivencias de mi infancia y más que nada la manera en que me enseñé a sortearlas han influido en mi estilo de liderazgo. Uno de mis más grandes retos, por ejemplo, ha sido ser una líder directa, exigente y brutalmente honesta. De niña aprendí que si era amable, obediente y no confrontativa, me salvaba de ciertas agresiones y conseguía pasar desapercibida cuando los conflictos en casa eran fuertes. Esta necesidad de ser vista como la más linda por todos me conflictúa cuando debo ser una líder que exige resultados, que debe tomar decisiones no siempre populares y poner la salud de la empresa por encima de mi imagen. Me tranquiliza saber que nunca dejamos de aprender ni de crecer y trato de no juzgarme duramente por ser así, buscando abrazar las partes mías que me encantan, así como aquellas que no me gustan tanto.

El aprendizaje en casa no ha sido lo único en mi vida que me ha ayudado a ser la mujer que soy, ¡soy una aprendiz de la vida! He pasado años y años estudiando, preparándome, investigando y descubriendo todo aquello que considero valioso para mi crecimiento como empresaria, pero, sobre todo, como persona. Y justo de esto se trata esta parte del libro y por ello me gustaría comenzar por uno de mis aprendizajes favoritos. Así como me permití ser vulnerable y honrar a mi papá y a mi mamá a través de la historia de mi infancia, ahora me gustaría honrar lo que yo considero como mi enseñanza espiritual predilecta: "Las semillas que decidimos regar".

## LAS SEMILLAS
## QUE DECIDIMOS REGAR

*La ley de la cosecha es cosechar más de lo que se siembra. Siembra un acto y cosecharás un hábito. Siembra un hábito y cosecharás un carácter. Siembra un carácter y cosecharás un destino.*

JAMES ALLEN

Esta enseñanza es milenaria y muy sencilla —por eso me gusta tanto—; se basa en el supuesto de que dentro de cada uno de nosotros, ¡sí, incluido el más cruel de los asesinos!, están todas las semillas de los diferentes sentimientos y emociones: odio, amor, celos, compasión, paciencia, enojo, generosidad, egoísmo, etcétera.

Aquellos que más vivimos, que más sentimos y expresamos y con los que normalmente respondemos serán los que estaremos regando. Es decir, si yo me enojo fácilmente, día con día es más probable que me vuelva a enojar, porque habré regado esa semilla en mi interior. Dado que esta habrá crecido más que la de la paciencia o el perdón, evidentemente se manifestará con más facilidad.

Por el contrario, si suelo ser compasiva o me pongo a practicar la compasión, regaré esta semilla, y en consecuencia esta crecerá dentro de mí, haciendo que cada vez me sea más natural responder con compasión. Crecerá como un árbol grande lleno de ramas que abarca todo mi interior.

Así de sencillo. En un principio es probable que nos cueste un poco más de trabajo y de atención. Por ello lo recomendable es tratar de ser conscientes de qué queremos regar. ¿Cuál de las emociones o virtudes queremos que crezca dentro de nosotras?, y ponernos a trabajar en ellas. Es probable que te sorprendas, como me ha pasado a mí, al notar cómo con el paso de los meses cada día te será más fácil y natural ser esa persona que quieres ser: paciente, generosa, compasiva, humilde, etcétera.

Cuando mi hija María José era pequeña yo quería ser la madre más linda y amorosa, pero podía perder la paciencia fácilmente con ella. ¡Y luego me sentía tan mal! Desde chica batallaba con su déficit de atención, por lo que casi todos los días olvidaba algo en el colegio, o perdía su tarea, o su lonchera. Cuando algo así sucedía, a veces explotaba y la regañaba. Por fortuna para ambas, cuando comenzaba su adolescencia empecé a meditar, a aprender de la filosofía budista y cayó en mis manos esta enseñanza de las semillas que, por supuesto, decidí poner en práctica, justo "regando mis semillas de paciencia". Escribí un papelito con lo básico de esta enseñanza y lo metí en mi bolsa para leerlo constantemente. También en un post-it de color fosforescente escribí las palabras "semillas" y "paciencia", mismo que pegué en mi espejo, frente al lavabo. ¡Y a trabajar en esto! Es impresionante, funciona de verdad, con el paso de los meses me sentía cada vez más tranquila, menos irritable, más paciente.

Recuerdo que un par de años después, una noche antes de salir de viaje, María José me llamó para decirme que no encontraba su pasaporte. Le dije: "Gorda, si no lo encuentras te vas a tener que quedar y nos iremos tu hermana y yo, ni modo, te lo perderás". Por fortuna lo encontró más tarde en la casa de su amiga Sofi y sí pudo venir. Al día siguiente, ya en el aeropuerto, me dijo: "Ma, quiero practicar y aprender lo que estás meditando, ¡porque de verdad te está sirviendo! Es la primera vez que ante algo como esto del pasaporte no explotaste y me pusiste una buena regañada". ¡Fiuf, por fin lo estaba consiguiendo y se notaba! Y lo mejor, mi hija quería practicar algo tan significativo para mí.

Esta enseñanza funciona exactamente igual que con la creación de hábitos. En un principio cuesta, pero si lo haces poco a poco, después de un tiempo de haber regado esas semillas podrás sentir que sus ramas crecerán y van a invadir tu interior. Entonces lo habrás convertido en parte de tu persona.

Algo primordial al empezar a implementar estas enseñanzas es tratar de ser compasivos y pacientes con nosotros mismos. Aunque los cambios que vamos consiguiendo sean pequeños, ¡debemos aplaudirlos y reconocerlos! Si antes me enojaba 10 veces a la semana y hoy ya solo lo hago ocho veces, es una gran mejora. Si no me desilusiono y sigo practicando, seguramente llegaré a enojarme solo dos o tres veces por semana, o incluso menos, por las mismas cosas que antes me irritaban.

Hay miles de ejemplos que demuestran que esto funciona. Las investigaciones de Laurie Santos, académica de la Universidad de Yale, muestran cómo aquellos que donan un riñón a un desconocido dentro de un programa que existe en Estados Unidos son personas "comunes y corrientes". Personas que desde años atrás empezaron a tener actos de generosidad y bondad en su día a día. Al principio estos actos eran pequeños y con el tiempo fueron creciendo en alcance hasta que, cierto día, felices de la vida, donan uno de sus riñones a un perfecto desconocido. ¿Sabes qué dicen todos después de la cirugía en la que ponen en riesgo su vida? ¡Que si pudieran, encantados lo volverían a hacer! Son personas como tú o yo, que por muchos años regaron sus semillas de generosidad y terminaron haciendo actos maravillosos. Es increíble ver que cada año se anotan más voluntarios.

Y claro, no se trata de que todas terminemos donando un riñón, sino de que, por medio de la práctica, consigamos convertirnos en mejores personas, más pacientes, más compasivas, tal vez menos enojonas, o más atentas a lo bueno que todas las personas tienen; seguramente más felices y más en paz.

## Y tú ¿qué semillas estás regando? ¿Existe alguna en especial con la que te gustaría empezar?

Así que ya lo sabes, te dejo esta enseñanza de la filosofía budista, mi favorita, que me ha ayudado como persona y como emprendedora: "En nuestro interior tenemos todas las semillas y tú puedes decidir conscientemente cuáles quieres regar y crecer". Te puedes convertir en la persona que siempre quisiste ser.

Mucho de lo que he conseguido en la vida se lo debo ciertamente a mi papá, a mi mamá y a las semillas que he regado.

¡A regar esas semillas!

# 2

# *Mindfulness,* conciencia plena

## Corría tanto, siempre de arriba para abajo

> Mindfulness *consigue que*
> *te enamores de lo ordinario.*
>
> ANÓNIMO

Me entusiasma que hoy en día no sea raro encontrar temas de *mindfulness* —conciencia plena— en libros de negocios o en talleres de liderazgo. Cada vez son más los que se dan cuenta de lo útil y adecuada que es esta práctica; de lo necesaria que es para sortear el día a día, así como los retos y desafíos tanto en el ámbito de los negocios como en el familiar y de pareja.

Estoy cien por ciento convencida de que todo lo que somos resulta clave para nuestro proyecto de vida. Por ello, siempre me he visto a mí misma como la herramienta principal de este plan y he entendido por qué es esencial que esté lo mejor preparada, con buena salud física, mental y emocional. No se trata solo de tener conocimientos, estudios y saber de las buenas prácticas en los negocios. ¡Qué va! Nuestro estado de ánimo es determinante, así como la ecuanimidad, la alegría, la tranquilidad y, fundamentalmente, la manera en que manejamos las emociones en diversos momentos de nuestra vida. En eso radica la diferencia entre la sabiduría y acumular información. Y justo en eso también radica la diferencia entre una buena líder, alguien que inspira, y una líder autoritaria que brilla sola y a la que siguen por temor, que no busca tener un impacto positivo en la gente a su alrededor, en su empresa o familia.

Invariablemente me siento mejor preparada al incorporar de manera regular prácticas sencillas y comprobadas —como la de *mindfulness*— que me han ayudado a tener más conciencia de mi día a día. Se trata de buscar reducir el tiempo que actuamos en piloto automático, haciendo las cosas sin pensarlo. ¿Cuánto de tu día a día lo haces así? ¿Cuántas veces terminas tu día cansada, sin haberte detenido un solo segundo para estar en contacto contigo, para respirar con conciencia, o al menos para checar cómo te sientes, o entender si eso que estás haciendo es siquiera relevante?

Recuerdo hace unos años cómo corría sin parar todo el día, siempre de arriba para abajo. Bueno, confieso que todavía sigo corriendo, pero ahora lo hago con más conciencia, jajaja. Cuando percibo que estoy llenándome de estrés o que debo "bajarle dos rayitas" a mi día de mañana para compensar el acelere del día de hoy, lo hago y me cuido. De igual manera defiendo mi espacio para tener al menos dos tardes libres entre semana para estar sola y tranquila, en mi biblioteca, o con mis amigas o nietas. También he aprendido a detenerme, por un minuto o dos, en mi oficina, cuando voy en el coche manejando, caminando hacia mi ejercicio, comiendo o hasta en alguna reunión; regreso a mi respiración, al presente y miro con más atención. He podido descubrir que esto hace una gran diferencia en la forma de vivir mi día, contribuye a que viva con más paz, valorando lo que sí tengo y siendo capaz de encontrar milagros en las cosas cotidianas; en un árbol que está floreciendo, en la lluvia que cae en pleno día de calor, en una deliciosa taza de té, en una conversación honesta con algún familiar o amiga, en la delicia de probar las galletas que van saliendo del horno, ¡aunque tenga casi 30 años comiéndolas!

Antes algunas situaciones en el trabajo podían incomodarme más que ahora; mis reacciones solían ser más intensas. En una ocasión, hace un par de años, me alteré porque un proveedor nos entregó almendra vieja revuelta con almendra nueva, buscando engañarnos y deshacerse de su producto viejo, dejándonos las 40 cajas que traía. Me parecía inadmisible que después de tantos años de trabajar juntos quisiera aprovecharse de nosotros y desechar su mercancía invendible. Además, nos dimos cuenta ya que muchos pasteles habían sido decorados con su almendra y enviados a tiendas. Esto tenía un costo mucho más alto, no solo económico, sino de imagen y calidad ante nuestros clientes. Hice varias llamadas muy molesta, una de ellas con el proveedor con quien terminé nuestra relación de trabajo de años, echándole un rollo largo sobre la confianza y la ética. Obviamente tenía que resolver ese asunto, pero ¿tenía que hacerlo de esa forma, con tanta molestia? No me gustó cómo me sentí después, me tomó varias horas volver a mi estado de tranquilidad en el que me encontraba antes y tampoco me pareció adecuado el ejemplo que estaba dando a mis gerentes sobre cómo manejar un conflicto. Lo mismo me pasó en una ocasión en la que un promotor no nos respetó un local comercial que le habíamos apartado formalmente para abrir una nueva sucursal de Dolce Natura —nuestra marca de helados—, prefirió dárselo a la competencia porque era su amigo, sin respetar nuestro acuerdo. Estaba furiosa y me incomodó sentirme de esa forma. Así que me puse a buscar entre mis libros y enseñanzas que recordaba haber estudiado, aquella que me ayudara a sortear de mejor manera los retos que se me fueran presentando. La vida siempre nos colocará diversos desafíos todos los días. Y yo no quería ser cada vez más intolerante, sino todo lo contrario, poder expresar mejor mis emociones con más ecuanimidad, sin subidas y bajadas tan pronunciadas.

Así fue como empecé con la experiencia de *mindfulness* o conciencia plena, porque me pareció una técnica sencilla y fácil de poner en práctica. Lo que más me motivó fue que desde el primer día pude notar resultados positivos. Estaba sorprendida, y como suelo ser cuando algo me emociona o me funciona, me puse a compartirlo con los de mi alrededor, a motivarlos para que la incorporaran en su vida, quería que todos sintieran los efectos maravillosos de esta práctica, así que les regalaba

—y sigo haciéndolo— libros sobre el tema o copias de excelentes artículos.

¿Cómo puedes empezar? Poniendo un recordatorio en tu celular, alguna alarma que te recuerde dos veces al día, o hasta cada hora, detenerte, respirar conscientemente y preguntarte si estás donde tu cuerpo se encuentra o si tu mente anda viajando hacia el pasado o está preocupada por algo que puede suceder en el futuro. También puedes pegar una notita en tu computadora, en tu coche, en tu escritorio, donde más veces la veas, que tenga escrita la palabra *mindfulness* o "conciencia plena y aceptación", para que una y otra vez te recuerde la necesidad de poner atención a lo que está pasando a tu alrededor, a no perder detalle de la persona o paisaje que están frente a ti, a regresar una y otra vez tu mente al momento presente. Y, sobre todo, a **aceptar** lo que sucede en tu presente, a dejar de querer modificarlo.

También ayuda leer sobre el tema. Existen libros de excelente calidad, algunos escritos para principiantes, y otros que no importa el nivel en el que estés, siempre les encuentras valor, así como revistas y artículos serios con pasos a seguir. Lo importante es poner en práctica lo que lees, no quedarse con el gusto de la lectura, sino trabajar constantemente en ello. Al final de este capítulo te dejo el nombre de cuatro de mis libros favoritos sobre el tema.

¿Y sabes qué es lo más sorprendente acerca de esto? Que la conciencia plena es una *cualidad innata* de la mente humana. Por lo que con un poco de práctica empezará a constituir parte de tu forma de ser y estarás en el mundo de una manera natural. En su excelente libro *Mindfulness, curiosidad y aceptación*, Javier García Campayo y Marcelo Demarzo resaltan que se trata de un patrimonio de la humanidad —¡esto me encantó!, un *patrimonio de la humanidad*— independiente de cualquier grupo religioso o cultural. Si bien proviene de tradiciones religiosas orientales, hoy en día es una terapia secular cuyos beneficios cuentan con un respaldo científico sólido.

La práctica de *mindfulness* tiene muchos años de estudios y aplicaciones en Occidente. En 1979 se fundó en la Universidad de Massachusetts el primer Center for Mindfulness, donde lo primero que desarrollaron fue una técnica de reducción del estrés basado en la atención plena. Comprobaron científicamente su funcionamiento y a partir de ese momento han realizado un sinnúmero de experimentos e investigaciones relacionados con el tema. Hoy en día se incluye como materia regular u opcional en diversas universidades y escuelas alrededor del mundo.

Pero ¿qué es *mindfulness*? Es centrarse exclusivamente en el momento presente, aceptándolo, sin querer modificarlo. Esto último es la parte más difícil, pero sustancial, porque no se trata solo de estar conscientes de lo que estamos viviendo y sintiendo. También significa que no estaremos quejándonos, o juzgando lo que está pasando, queriendo otra cosa. ¿Suena difícil? Tal vez al principio, pero luego nos vendrá de manera natural. Aquí no hay lugar para el juicio de valor ni para la interpretación. Simplemente se está en el presente con una total apertura a la experiencia.

## Es un "modo de ser" en vez de un "modo de hacer".

¿Qué juega en nuestra contra? La realidad actual donde está sobrevalorado que hagamos muchas cosas y que corramos todo el día. No solo estamos acostumbradas a no parar, sino que socialmente se aplaude a las que siempre estamos ocupadas —como si fuera un sinónimo de ser exitosa—, en lugar de celebrar a quienes saben estar presentes en lo que hacen; a aquellas que sabiamente respetan sus espacios libres, de tranquilidad, fortaleza y trabajo interior. Asimismo, juega en nuestra contra la tendencia natural de nuestro cerebro cuando no estamos ocupadas, a pensar en nosotras mismas, nuestras preocupaciones, miedos, etcétera.

Con el paso de los años *mindfulness* se ha ido convirtiendo en una práctica sustancial en mi vida. La considero esencial no solo porque es una técnica de eficacia demostrada, sino porque la puedo practicar en todos lados. Cualquier actividad de nuestro día la podemos convertir en práctica de *mindfulness*. Lavarnos los dientes, preparar un café o la comida, hacer ejercicio, platicar con un amigo, comer o manejar. La gran diferencia es que somos conscientes de lo que estamos haciendo. Todo nuestro ser está donde está nuestro cuerpo, poniendo atención exclusivamente a lo que estamos realizando o mirando. ¿Te has dado cuenta de que son pocas las ocasiones en que tu mente está donde está tu cuerpo? En cambio, si estamos en el presente, practicando *mindfulness*, nuestra mente y nuestra atención no se van a recuerdos del pasado, ni a planear o imaginar cosas del futuro. Sin importar si lo que estamos viviendo es algo placentero o difícil, cuerpo y mente están unidos en un mismo lugar, experimentando lo agradable o lo desagradable.

Lo que se busca es llevar *mindfulness* a la vida diaria para hacernos conscientes de las cosas, para disfrutarlas más y conseguir de esta forma que no se nos escape ninguno de los regalos que nos da la vida. De la misma manera, enfrentarnos a los retos que se nos presentan con toda nuestra atención, para así poder descubrir que nos surgen mejores ideas para resolverlos, o que no somos tan frágiles como pensábamos.

Y si aún necesitas más información, estos son algunos de los beneficios del *mindfulness,* para que te animes a empezar a practicar:

- Mejor concentración
- Más paz y tranquilidad
- Reducción del estrés
- Mejor control de las emociones
- Mayor sensación de felicidad
- Sentimiento de gratitud
- Satisfacción con lo que se tiene
- Más creatividad

No tenemos que hacer grandes cosas para empezar, podemos iniciar con esta práctica de poquito en poquito. Un paso después del otro, pues las grandes cosas toman tiempo, pero valen la pena. Con dos minutos de *mindfulness* al día es más que suficiente para empezar y gradualmente irlos aumentando. Es fundamental que pongas atención en sus beneficios, para que se convierta en una práctica sostenible. Te garantizo que en poco tiempo de práctica vas a valorar tener una orientación abierta hacia tus experiencias y vivencias, cualesquiera que estas sean. ¿Sabes por qué? Porque está demostrado en varios estudios científicos que:

Mientras vivimos en *mindfulness*, estando presentes y atentos, tenemos una mayor capacidad para enfrentar los problemas que nos presenta la vida, encontrar mejores soluciones y navegar los retos con más destreza.

¡Esto sí que es un gran beneficio!

Te vas a sorprender, como me pasó a mí, de la cantidad de maravillas de tu día a día que te estabas perdiendo, que ya no valorabas y que no te detenías a agradecer. Y, sobre todo, te darás cuenta de qué cosas que antes te irritaban o molestaban ya no consiguen hacerlo. Tenemos siempre la opción de decidir nuestra reacción en cualquier momento de nuestra vida, regresar a nuestra respiración y el presente con *mindfulness* o permitir que los pensamientos e historias que nos contamos nos lleven a donde no queremos estar.

He comprobado una y otra vez que aceptando y viviendo el momento presente, justo como es, experimento más felicidad, menos miedos y ansiedad. Por ello es tan relevante trabajar con nuestra mente, porque al hacerlo las circunstancias externas también nos parecerán más manejables.

# Libros recomendados

1. *El milagro de mindfulness*, Thich Nhat Hanh.
2. *Mindfulness: curiosidad y aceptación*, Javier García Campayo y Marcelo Demarzo.
3. *Iniciación al mindfulness*, Daniel Goleman.
4. *Aprender a practicar mindfulness*, Vicente Simón.

# 3

# Cómo construir mejores hábitos

## Conseguir que las horas del día me rindan

*Cada acción que tomas es un voto por*
*el tipo de persona en la que deseas convertirte.*
JAMES CLEAR, *Hábitos atómicos*

Susana, una de mis mejores amigas, reiteradamente me insiste en que le enseñe a organizarse mejor; se sienta a mi lado, me pide que le muestre mi agenda y me pregunta cómo hago para cumplir con todo, para hacer rendir tanto mi día. Reconozco que si algo me caracteriza es lo organizada que soy, y por supuesto esto me ha permitido hacer tantas cosas, estar involucrada en un montón de proyectos, participar en todo lo que me apasiona y, sobre todo, conseguir que las horas del día me rindan y aprovecharlas al máximo. Eso es justo lo que envidia Susana. Ahora bien, no siempre fui así... Bueno, un poquito sí, pero no con un propósito consciente hacia mi agenda, mis horas, prioridades, ni con tanto orden. Toda esta organización consciente que tengo ahora no habría sido posible si no hubieran caído en mis manos dos buenos libros: *Los hábitos atómicos* de James Clear y *El club de las 5 de la mañana* de Robin Sharma, los cuales me ayudaron a trabajar en la creación de mejores hábitos, ponerlos en práctica y mantenerlos, pero, sobre todo, a entender los estupendos beneficios que conllevan.

Lo primero que debes tener en cuenta es que por fortuna nuestros hábitos son modificables; tenemos la capacidad de decidir cuáles fortalecer, adoptar o crear y también cuáles eliminar, especialmente si buscamos una vida más plena, más sencilla o exitosa. Existen personas que piensan que eso de los buenos hábitos no se les da, que no es lo suyo, así me lo han dicho cuando hablo de este tema. Susana, por ejemplo, quien lo ha intentado por años y que nomás no puede, me mira de reojo dudando porque cada inicio de año vuelve a tratar y no lo ha conseguido. El problema es que pensamos que para crear hábitos hay que hacer cambios enormes, gigantescos, que nos costarán demasiado esfuerzo, trabajo y tiempo. La realidad es que se trata de todo lo contrario, y la razón principal por la que no tenemos éxito en mantener esos hábitos radica en que habitualmente escogemos cambios grandes, nos ponemos retos demasiado difíciles, y al no conseguirlos, nos decepcionamos.

## El secreto está en empezar poco a poco, con cambios pequeñísimos, atómicos.

Tengo cuatro hábitos principales que practico casi todos los días. Son pilares en mi vida que me ayudan a mantenerme centrada, presente, ecuánime y a disfrutar lo más posible de la vida. Y, además, también tengo otros cuatro hábitos que mantengo presentes y procuro recurrir a ellos constantemente, cuando los necesito.

Todos estos hábitos me ayudan a abrirme y aceptar los problemas y retos que se me van presentando, aunque esto todavía me falta trabajarlo más, jajaja.

Primero te comparto mis cuatro hábitos pilares, que son:

- Meditar
- Agradecer
- Hacer ejercicio
- Leer

## MEDITAR

Recuerdo que cuando empecé a meditar no conseguía concentrarme o estar en paz, se me venían mil pensamientos a la vez y me sentía un fracaso. El error que estaba cometiendo era que quería hacerlo por 30 minutos —eso había leído que era lo ideal—. Una mañana que estaba cansada de intentar meditar y no conseguirlo me puse el reto de hacerlo solo por un minuto. Para mi sorpresa, pude concentrarme por unos segundos. Al día siguiente fueron tres minutos y luego cinco. Cada vez conseguía concentrarme más y más tiempo, luego empecé a disfrutarlo profundamente. Hoy puedo estar 30 minutos o más meditando, y no exagero al afirmar que los beneficios que he obtenido de esta práctica han sido incalculables.

## AGRADECER

Con mi hábito de gratitud también empecé gradualmente, unos días sí, otros días no; después de ponerme la pijama, escribo en una libretita tres cosas que agradezco de mi día que acaba de terminar. Hasta los peores días tienen sus cosas buenas, empezando por estar vivos y por tener 24 horas frente a nosotros. Con el paso del tiempo perdura esta atención en lo bueno de las cosas y en lo que podemos agradecer, y es ahí donde esto se convierte en un hábito maravilloso, una mejor manera de leer la vida.

Algunos días no escribo en esa libreta, a veces porque estoy cansada o porque estuve de viaje, pero al regresar lo retomo y anoto cosas que agradezco del viaje o algo que aprendí. Lo ideal es hacerlo la mayoría de los días para que se convierta en un hábito. Lo mejor es cuando se hace parte de tu esencia, y durante el día empiezas a encontrar cosas que agradecer, tus ojos descubren con facilidad más razones para estar feliz.

## HACER EJERCICIO

Del ejercicio, todos sabemos de sobra sus ventajas, lo maravilloso es cuando encuentras el que te divierte, el que no lo vives como un sacrificio. En mi caso es la natación. Pocas cosas gozo tanto como meterme al agua, nadar y nadar, disfrutando el contacto del agua en mi piel, el silencio al estar metida en el agua y lo fortalecida que me siento cada que salgo de la alberca. "¡Ahora sí, échenme lo que quieran durante el día, ya estoy lista!"

Hace algunos años tuve una infección en un lagrimal y el doctor me prohibió por unos meses nadar, entonces decidí irme a hacer ejercicio al gimnasio. ¡Qué horror! Un verdadero enfado estar frente a una caminadora, aparatos o pesas, contando cada serie. El tiempo se me hacía eterno, además de que no tenía condición física ni la paciencia para hacer eso. Ya me iba a dar por vencida cuando decidí, una vez más, hacerlo poco a poco, solo unos minutos de caminadora y otros de bicicleta. Fui agarrando la condición, empezó a funcionar, pero me hacía falta algo más para encontrarlo divertido. ¡Música! Reggaeton. ¡Listo! Ahora sí el tiempo volaba. En estos últimos meses le agregué escuchar capítulos de podcasts, maravillosos también, y así aprovecho más mi tiempo y sigo aprendiendo.

## LEER

Finalmente, a diferencia de los otros tres, el hábito de la lectura sí lo he tenido presente en mi vida desde que recuerdo. Lo que ha ido cambiando es el tipo de libros que me interesan, la forma en que comparto lo que voy aprendiendo y, sobre todo, la forma en que busco aplicarlo en mi vida para que realmente sean en su mayoría lecturas que me formen y no solo que me entretengan. Aunque por supuesto no me privo del deleite de leer una buena novela hispanoamericana o clásica. ¡Es formidable!

Si voy a salir de viaje, lo primero que planeo, antes que la maleta, es qué libros me voy a llevar. Me ilusiona saber que tendré más tiempo libre para leer por horas y podré por fin saborear varias de mis lecturas pendientes. Puesta a escoger, prefiero olvidar cualquier cosa menos mis libros.

## A LO QUE DECIMOS NO ES TAN IMPORTANTE COMO A LO QUE DECIMOS SÍ

Ahora bien, en estos últimos años el hábito que he tenido que fortalecer ha sido el de decir que no, pelear por mis espacios de lectura, no ceder y no renunciar a esto tan mío, que me llena profundamente de placer y conocimientos. A lo largo de la vida van cambiando nuestras prioridades y necesidades; yo hoy necesito más espacios de silencio y de soledad, es ahí donde me recargo de energía y de paz. Antes era más sociable y la gente se acostumbra a lo que siempre hemos sido, y entonces aparecen los reclamos por los cambios, por no ser como antes, por no cumplir expectativas ajenas. Ante esto, hay que:

Subirle el volumen a nuestra voz interior
y bajárselo a las voces exteriores.

Así de simple, como dice James Clear, sin buscar grandes cambios al instante, **hacer atractivo el hábito que queremos implementar, sencillo y satisfactorio**. Los primeros dos minutos deben ser fáciles. Lo que estamos buscando es un "hábito de entrada", que de manera natural nos lleve por un camino más productivo. Y algo que nunca debes perder de vista es que repetir el hábito es más importante que hacerlo perfecto.

Uno de los retos para tener en cuenta es que los seres humanos hoy en día preferimos la gratificación instantánea y pocos son los que están dispuestos a esperar un poco, es decir, la gratificación tardía. Esto obviamente se ha intensificado con los medios electrónicos, con las redes sociales, con la velocidad en que podemos distraernos, sentirnos bien, ver algo divertido, entretenernos. ¡Todo es tan rápido! Nuestra tolerancia a la espera ha disminuido sustancialmente. El Uber llega en menos de 10 minutos a recogerme o lo cancelo, igualmente mi comida, la puedo pedir desde donde esté y me llega de volada. Si quiero comprar algo, lo busco en Amazon y en la mayoría de los casos al día siguiente está en mi casa. Todos estos avances son notables, pero no hemos caído en cuenta de lo poco tolerantes que nos hemos convertido, de lo riesgoso que es eso porque las cosas que valen la pena en la vida no se dan así de rápido; ni las buenas relaciones, ni los buenos negocios, ni los hijos bien educados. Más adelante profundizo sobre este tema.

Lo vemos más que nunca con los jóvenes que emprenden un negocio y quieren rápidamente tener ganancias, éxito y reconocimiento. Lo he visto cuando doy alguna conferencia o mentoría; esperar cinco años les parece demasiado tiempo, no se diga 10 años o más. Por lo tanto, siempre que tengo la oportunidad busco recomendarles que desarrollen hábitos como el del ahorro, el de la paciencia, el de la gratificación tardía y el de la capacidad de concentrarse por un largo periodo de tiempo o de hacer un trabajo profundo. Me parece más adecuado que ellos vayan estableciendo expectativas más realistas a que vivan frustrados por no conseguirlas. Ojo, no se trata de que seamos conformistas o le tiremos a lo más fácil, sino de que disfrutemos el camino y de lo que sí vamos consiguiendo.

Lo importante es hacer pequeños cambios, que, con el tiempo, nos den grandes resultados. Es decir, pequeñas mejoras, pero constantes. No se te olvide que obtienes lo que repites, porque somos criaturas de hábitos. Así que adiós a los cambios radicales de un día a otro, porque no los vas a poder sostener, ¡esto ya lo hemos experimentado todos! No pretendas correr un maratón sin haber primero entrenado para una carrera de cinco kilómetros. Ponernos metas alcanzables y realizables hace que nos motivemos más que con aquellas difíciles e irreales. Queremos bajar 10 kilos, empecemos con una meta de cinco. Hacernos el propósito de detenernos a respirar por un minuto en el día es fácil de cumplir, pretender hacerlo cada hora lo hace inalcanzable. Además, hábitos como estos de respirar con conciencia producen tales beneficios, que se vuelven sustentables, círculos virtuosos que nos llevan a repetirlo con más frecuencia, pero desde un lugar de convencimiento y no de obligación.

Ahora bien, como te comenté, además de mis pilares, de mis cuatro hábitos principales, tengo otros cuatro hábitos que me han servido en diferentes aspectos de mi vida.

## HACER PRIMERO LO QUE ME DA MÁS FLOJERA

Este es un hábito que vale la pena desarrollar seamos jefes, empleados o emprendedores: hacer primero, al iniciar mi día de trabajo, lo que más flojera me da, lo más difícil, lo menos agradable. Esa llamada, ese correo, esa retroalimentación a la que le doy vueltas, esa negociación. En fin, cada una tenemos nuestra lista de cosas que preferimos brincarnos y no hacer. Si no lo hago al inicio de mi día, difícilmente lo haré después y me la paso procrastinando. En cambio, si refuerzo este buen hábito, me doy una palmadita interna por haberlo hecho y continúo con lo demás, lo fácil, lo agradable, así las cosas fluyen mejor el resto del día. Para esto diseñé un método sencillo de tres libretas diferentes. En mi escritorio tengo una libreta con la lista de las cosas que es crucial que haga ese mismo día (y no me puedo parar de la silla del escritorio hasta que las haya hecho), otra donde anoto lo que sería adecuado e importante ir haciendo, pero que también puedo hacer al día siguiente, y la tercera con los pendientes que me toca resolver en toda la semana.

## CUMPLIR LO QUE DIGO/
## RESPONSABILIDAD PERSONAL

El segundo de estos hábitos es uno que en realidad no sabría bien cómo llamarlo, porque no lo he leído en algún otro lado como tal, simplemente lo practico. Podría sencillamente designarlo como "el hábito de ser cumplida".

Esta es una disciplina que me rige y, sin lugar a duda, me ha dado buenos frutos: si tengo una cita, un compromiso, una rutina, una entrega, pase lo que pase, los cumplo. No me permito las excusas, la salida fácil, no hay manera. Está agendado, lo cumplo. No fallo, no falto. Por ejemplo, no importa si está lloviendo o hace mucho frío, voy a nadar. Si estoy recién operada —tres, cinco días— me voy a trabajar. No dormí bien, por cualquier razón, tengo junta de consejo a las ocho de la mañana, ahí estoy. Vengo llegando de un viaje largo y pesado, pero tengo curso a las siete de la noche, asisto y llego a tiempo. No veo televisión, por lo que si tengo tiempo libre siempre prefiero leer un libro, aunque esté de viaje sola en el cuarto de hotel, después de un día de largo trabajo, llego y me pongo a leer. Quedé de entregar un escrito, de grabar algo, lo que sea, lo entrego a tiempo. Siempre.

La gente que me conoce sabe que si me comprometo a algo lo voy a cumplir, estaré ahí, llegaré, ¡cuentan conmigo! Obviamente este tipo de hábitos tienen un valor especial en los diferentes contextos donde participamos, sea laboral, familiar, empresarial, comunitario. Será constantemente apreciado y reconocido que cumplamos con nuestra palabra y que seamos personas a las que no es necesario estarles recordando lo que les toca hacer. Es una sensación interna de responsabilidad personal.

Hábitos como este nos abren puertas. Justo porque cumplimos sin pretextos nuestros compromisos es que nos invitan a participar en consejos, proyectos, negocios...

Porque nuestra "marca personal"
es una que suma donde quiera
que participemos.

Aunado a esto, me agrada trabajar con personas que son así, rodearme de gente que hace sus tareas y trabajos sin que les tengas que pedir cuentas, sin que les debas recordar o presionar —se les conoce como "personas de bajo mantenimiento"—; invariablemente suelen ser las personas que más me sorprenden, las que entregan mejores resultados, trabajos que esperaba en blanco y negro me los entregan a colores, son las incondicionales, con quienes sabes que siempre cuentas.

## LEVANTARME TEMPRANO

El tercer hábito merece detenerme a analizarlo, darle espacio y más desarrollo: el hábito de levantarse temprano, que trabaja de manera magistral Robin Sharma en el libro que te mencioné. Este no es un tema nuevo, todos hemos escuchado los beneficios de despertarnos temprano. Si bien Sharma reúne los argumentos que terminan por convencernos, lo que se busca es conseguir levantarnos una hora antes de lo habitual, ¿y esa hora en qué la vamos a utilizar? ¡En tantas cosas! Es para nosotras, para nadie más, tiempo perfecto para hacer lo que más placer, paz, crecimiento interno y aprendizajes nos da. Lo que necesitemos: escribir un libro, estudiar un idioma, meditar, caminar, leer sobre algún tema que nos apasiona o estar en silencio tranquilas viendo el amanecer.

¡A mí me encanta despertarme temprano!, empezar mi día antes que los demás. Reconozco que, además, siempre me levanto de buen humor, feliz. No importa lo que esté pasando en mi vida, el amanecer y tener 24 horas nuevas me da ilusión. Esto me da tiempo para poder estar en silencio, para recargarme, aprender con más atención, sentirme más tranquila. Además, en esa hora extra que le gano a la mañana me siento en paz conmigo, y muy alegre. Y esa paz suele durarme todo el día.

Sobra decir que necesitamos dedicación, convicción y disciplina para instaurar este hábito; sin embargo, una vez más, podemos empezar poco a poco, primero solo con cinco minutos más temprano e ir aumentando la ventana de tiempo. Hoy, que estoy a la mitad de mis cincuentas, me cuesta un poco más hacerlo porque no siempre consigo dormir toda la noche de corrido, pero son tantos los beneficios que he obtenido de este hábito, que lo hago sean solo 20 o 30 minutos antes y no la hora completa.

Fue un hábito que instalé hace tantos años, que ya se quedó metido en mis venas como parte de mi ADN. Me siento apacible, en armonía, dichosa y relajada en esa hora extra de la mañana —o media hora— sin distracciones. ¡Siempre la agradezco!

## LA RESPIRACIÓN

Invariablemente busco herramientas o técnicas que me ayuden en tiempos estresantes o difíciles y me alegro de tenerlas cuando enfrento crisis mayores, porque pueden hacer la diferencia, como lo es la atención en la respiración, que, entre otros beneficios, tiene el poder de calmar la mente y focalizar la atención. Se trata solo de poner atención en la respiración, en el aire que entra, en reconocer cómo se siente en nuestro cuerpo y en la manera en que sale, solo por unos cuantos minutos. El libro *Respira*, de James Nestor, profundiza en este tema, promoviendo la respiración como un arte perdido. Efectivamente es un arte que perdimos en el acelere en el que hemos decidido convertir nuestra vida y lo podemos recuperar.

La maravilla de esta práctica es que te puede acompañar todo el día. La puedes hacer en cualquier momento, como la de *mindfulness*. En realidad se asemejan, pero esta consiste únicamente en poner atención en tu respiración. Respirar consciente del aire que entra y el que sale, observar cómo respiras ya que se recomienda no hacerlo por la boca, sino por la nariz. Nada más. Esto te regresa de manera automática al aquí y al ahora y reduce la ansiedad.

Los maestros budistas, especialmente Thich Nhat Hanh, dicen que esto es como "regresar a casa". Cada vez que miramos hacia dentro y nos focalizamos en nuestra respiración, sentimos paz y tranquilidad porque volvemos a nuestro centro, y en verdad que así sucede, lo he podido comprobar un sinnúmero de veces. Lo he practicado con frecuencia cuando estoy angustiada o en medio de algún problema, o cuando empiezo a darme cuenta de que me estoy enojando, que no estoy reaccionando bien y de inmediato siento su beneficio. Siempre encuentro paz dentro de mí y créeme que no soy la persona más tranquila de este universo, al contrario, soy bastante acelerada. Por lo tanto, si a mí me funciona, puedes tener la seguridad de que a ti también te servirá.

En una ocasión, al final de nuestra junta semanal de trabajo, el equipo completo me comentó que no estaban trabajando a gusto con el nuevo líder que había contratado para que nos ayudara a implementar el crecimiento de Marisa y Dolce Natura en la ciudad de León y en Querétaro. Él es una persona experta en crecimiento de franquicias con experiencia de años de trabajo, abriendo sucursales, replicando procesos, creciendo equipos y llevando a buen término las expansiones territoriales. Me parecía una contratación pertinente, por lo que reconozco que me costó trabajo abrirme a sus comentarios. Desde mi punto de vista, ya tenía todo solucionado bajo su liderazgo, y esto venía a retrasar nuestra expansión. Inés, mi hija, que estaba sentada a mi lado, acertadamente me dijo: "Ma, no lo tomes personal, ábrete a escucharlos", y en ese momento me "cayó el veinte" de que no estaba siendo una líder a la altura. Traje a la memoria esta técnica, empecé a respirar con atención y después de hacerlo por un par de minutos conseguí cambiar por completo mi actitud, abrirme, ser más empática y escuchar sin juzgar. Unas semanas después entre todos solucionamos este tema de una forma oportuna, y yo le "bajé tres rayitas" a mi ego para aprender que, aunque en general me considero una buena líder, tengo mis ratos en que no reacciono asertivamente, momentos en que me pierdo en mis razones y olvido ser empática.

En otra ocasión, durante los días de confinamiento por la pandemia de covid-19, mientras impartía un *webinar* sobre cómo manejar mejor esta situación, dejar de ser víctimas para convertirnos en protagonistas, una chica me pidió una recomendación para cuando estuviera a punto de explotar. Me dijo que estaba pasando por un momento difícil, se reconocía más irritable y se peleaba con todos en su casa y en la oficina.

Le platiqué de este recurso y le dije: "Concéntrate en tu respiración, con mucha atención, por tres o cinco minutos y verás cómo tu estado de ánimo cambia". Unos días más tarde me escribió para decirme que estaba sorprendida al ver cómo una práctica tan simple y sencilla tuvo tan buenos efectos.

Como gran parte de las cosas en la vida, lo más simple, algunas veces, suele ser lo más eficiente.

Podemos practicar respirando conscientemente al despertar, quedarnos sentados durante un par de minutos en nuestra cama y agradecer que otro día se nos ha regalado. Si lo piensas bien, amanecer cada mañana es una bendición, un regalo. A continuación podemos hacer el compromiso con nosotras mismas de aprovechar el día, de ayudar donde podamos, de vivirlo con *mindfulness* y tratar de ser agradecidas, estar felices y en paz. ¡Eso es todo!

En su libro *El sutil arte de que te importe un caraj\**, el escritor Mark Manson, a quien disfruto leer por su estilo irreverente y por su humor negro, nos dice que no importa dónde vivamos ni qué hagamos, la vida nos aventará "toneladas de mierda encima". ¡Y tiene toda la razón! De la misma manera, la reconocida maestra y escritora budista Pema Chodrön plantea una idea similar en su libro *Cómo meditar*. "Maduremos al hecho de que la vida siempre traerá problemas y dificultades", subraya. ¡Vaya que esto es cierto! Y tener herramientas y prácticas como la respiración y hacerla un hábito al que recurrimos constantemente nos ayuda a manejar mejor los conflictos, a pasar de víctima a protagonista y a dejar de quejarnos por lo injusta que es la vida, además de tener beneficios en nuestra salud.

Recordemos esto:

No somos víctimas de lo que el mundo nos presenta, en nosotras está la capacidad

de vivir las cosas como la mayor tragedia
o como un gran aprendizaje.

Nuestra actitud y lectura de las cosas son las que se encargan de ponerle significado, de aprovecharlas o de sufrirlas sin remedio. *Nuestra mente, nuestra manera de pensar* y llegar a conclusiones son las que pueden hacer la diferencia. Por ello me gusta tanto trabajar con mi mente.

Por último, y no por ello menos importante:

Mientras observamos nuestra
respiración permitámonos sentirnos
contentas, entusiasmadas y satisfechas.
Nuestra sociedad y los medios de
comunicación nos han condicionado a
sentirnos insatisfechas con quienes somos,
lo que tenemos y lo que hacemos.

Generalmente estamos pensando que deberíamos ser diferentes, tener más de lo que tenemos y hacer algo mejor o más interesante de lo que estamos haciendo. Enfocarnos en nuestra respiración, practicando estar presentes y en contacto con nuestro interior, es una gran oportunidad para sentirnos contentas y satisfechas con nosotras mismas, así como somos. Esta práctica tan sencilla siempre nos regresa a nuestro interior, "a casa", y cuando estás bien contigo, tranquila, no te falta nada.

**La verdadera riqueza es la satisfacción**, estar contentos. Practiquemos permitirnos sentirnos así, relajándonos y disfrutando el momento presente en el que estamos viviendo. Es el único momento que realmente tenemos.

## HÁBITOS QUE DEBEMOS ELIMINAR

Cada día tengo presente cómo estos hábitos van sumando de manera contundente el que pueda sentir una felicidad plena, con una buena dosis de libertad. Sin embargo, así como existen hábitos que suman, también hay hábitos que restan, y el gran secreto está no solo en crear hábitos saludables, sino en eliminar aquellos que nos limitan o perjudican.

Uno de esos hábitos a eliminar es el de la "ley del menor esfuerzo". Este es de los peores que podrías tener o desarrollar, es opuesto a todo lo que me gusta fomentar. Incluso me indigna *per se*, no solo por el daño que puede causarte, sino porque puede llegar a convertirse en una filosofía de vida que impactará de manera negativa tu desarrollo y el aprovechamiento de tu tiempo.

Ahora bien, si te está costando demasiado esfuerzo implementar nuevos hábitos positivos, te invito a que reflexiones y pongas atención al hecho de que algunas de nosotras nos hemos hecho demasiado complacientes con nosotras mismas, y tal vez eso te está estorbando. Adoptamos el papel de víctimas, repetimos tantas veces las mismas excusas que terminamos creyéndolas, culpamos a otros por lo que nos pasa y, como consecuencia, perdemos la curiosidad, el interés por cosas nuevas, por aprender, nos hacemos apáticas y... entonces, la mediocridad se vuelve algo aceptable. ¿Te suena? Me parece crucial recordar que solo tenemos dos opciones en la vida, ¿soy víctima o protagonista? La elección es tuya. Y cada una de esas elecciones provoca una actitud ante la vida que te llevará a direcciones completamente opuestas.

Angela Duckworth, psicóloga y académica estadounidense, escritora del bestseller *Grit*, realizó un estudio profundo sobre las personas más destacadas en áreas del deporte, negocios, educación, entrenamiento militar y más. Encontró que:

> Lo que hace que alguien sea exitoso y destaque no es su talento inherente o inteligencia innata, sino su pasión por lo que hace y el nivel de compromiso, disciplina, resiliencia y perseverancia.

Encontrar este tipo de estudios me motiva porque nos regresa a nosotros mismos el poder de decisión, de llegar a conseguir lo que nos propongamos y no a la fatalidad de con cuánta inteligencia nací, cómo fueron mis padres conmigo, en qué país vivo o los talentos que me tocaron.

Este libro y sus descubrimientos me ayudaron a entender una de las razones —primordial, sin duda— de por qué algunas emprendedoras fracasan y otras tienen éxito. Llevo varios años apoyando y dando mentoría a mujeres y no conseguía entender la razón por la que algunas superaban todas mis expectativas, y otras se quedaban en el camino o su negocio nunca crecía lo suficiente para convertirse en uno grande. Esta característica de *grit* (término que no tiene traducción al español) se refiere al poder de la pasión y la perseverancia, y se encuentra en la mayoría de la gente exitosa que estudió e investigó la autora, y a mí me hizo todo el sentido. Tiene que ver con encontrar tu pasión en la vida, abrazarla y crecerla, con no darte por vencida, con levantarte una y otra vez, con no dejar las cosas a medias, con hacer lo mismo por años, practicar y practicar.

Toda la gente exitosa ama lo que hace, tiene pasión, siente placer y tiene *grit*. Como sociedad, solemos aplaudir más el talento que el esfuerzo, y ese es un error.

## El esfuerzo es más importante que el talento con el que naciste.

Nuestro potencial es una cosa, y otra lo que hacemos con él. Llega más lejos una persona perseverante que una talentosa que no se mueve, que no termina las cosas, que no aprovecha sus dones. Analizando las historias de las deportistas más destacadas, de las empresarias más exitosas, de las escritoras más prolíficas, siempre encontrarás que tienen *grit*, que nunca se dieron por vencidas, que se esforzaron al máximo y por años se mantuvieron fieles a sus sueños, metas o propósitos.

Lo estupendo es que el *grit* se puede desarrollar, como los hábitos, se puede crecer y se puede inculcar en los hijos. Se

LA AMBICIÓN TAMBIÉN ES DULCE

empieza por encontrar tu pasión, que puede tomar tiempo, que puede requerir que experimentes con una y otra actividad hasta encontrar la que más te mueva y motive. Y después viene desarrollarla, entregarte a ella, no dejarla por más rechazos, obstáculos y dificultades que encuentres. Pero también debe cambiar tu mentalidad, tu actitud, y no darles tanto peso a los talentos, al IQ (coeficiente intelectual), y dárselo al esfuerzo y a la perseverancia. Saber que la grandeza es alcanzable, es lograble para cualquiera de nosotras. Es dejar de dar excusas y ponernos a trabajar, con entrega, con compromiso y por muchos años. Admira a las personas por su esfuerzo, rodéate de aquellas que sean ejemplo para ti y síguelo, pide ayuda, da tu mejor esfuerzo y sobre todo no te digas que no puedes. ¡Sí puedes, si quieres, claro que puedes!

Volviendo al tema de los hábitos, una de las verdades científicas sobre los buenos hábitos que me llena de esperanza —espero que también consiga este efecto en ti— es que la fuerza de voluntad no es algo que nos viene al nacer, sino una habilidad que desarrollamos con la práctica. La disciplina personal es como un músculo que se fortalece mientras más lo utilicemos.

Aquí entra, una vez más, uno de los temas que reiteradamente repito: el poder de nuestra mente. La tesis de nuestras creencias y expectativas y cómo estas influyen en nosotros y en nuestras capacidades. ¡La mente es tan poderosa! Debemos creer que podemos llegar alto y estar convencidos de que, al hacer este tipo de esfuerzos y prácticas, podemos transformarnos, que nuestra vida puede cambiar.

> ¿Cómo es la historia personal
> que tú te cuentas internamente? ¿Cómo
> te ves a ti misma? ¿Cómo te juzgas? ¿Hasta
> dónde crees que puedes llegar? ¿Qué haces
> cuando te equivocas?, ¿cuando no cumples?
> Es esencial revisar estos temas con
> honestidad, porque nunca llegarás

más lejos de lo que tú misma te digas
que puedes llegar a alcanzar.

Son las famosas "profecías autocumplidas", que, para colmo de males, muchas veces ni siquiera son nuestras. Son patrones de pensamientos aprendidos de la gente que más influencia tuvo en nosotras cuando estábamos creciendo: padres, maestros, amigos. ¿Qué te decían cuando eras pequeña? ¿Cómo te describían o definían? Vamos por la vida actuando de acuerdo con estas ideas e invariablemente se cumplen estos resultados porque nosotras mismas los generamos. Podemos incluso llegar a olvidar quiénes somos realmente, a veces porque estuvimos rodeadas de gente que nos minimizó y dudó de nuestras capacidades o porque se nos dijo demasiadas veces que no podríamos. A mí mi papá siempre me dijo que yo podía conseguir cualquier cosa que me propusiera. ¿A ti qué te decían? Y más importante aún, ¿lo crees? Y si tienes hijos, ¿cómo les hablas? ¿Cómo es tu mirada hacia cada uno de ellos? ¿Es una mirada que construye o, por el contrario, una que constantemente está dudando, que sobreprotege y minimiza?

Por ello, una vez que somos adultas, vale la pena detenernos, analizar y regresar a nuestro interior. Puede ser al empezar nuestro día, solas, en silencio, cuando todo el mundo está dormido, dedicarnos un tiempo para recordar quiénes somos realmente y de qué estamos hechas, para cultivar nuestras virtudes y habilidades. Para analizar con toda honestidad qué de lo que hacemos, de lo que hemos elegido, realmente fue nuestra decisión, lo que queríamos, lo que nos hace sentir auténticas y orgullosas. Y qué ya no lo es, nunca lo fue, lo hicimos por dar gusto a otros, o porque eso se esperaba de nosotras.

Me pasa que cada logro, por pequeño que sea, si es lo que yo buscaba, refuerza mi autoestima, me convence de que sí puedo lograr grandes cosas. Y esos momentos a solas me recargan de energía, me ayudan a estar más en paz, a conocerme mejor, a sentirme más sana, más concentrada y con más control sobre mi vida, mi día a día. ¿Tú te aplaudes también cada logro? ¿O siempre hay algo que te faltó, algo que pudiste hacer mejor y difícilmente reconoces tus avances?

Por último, incluyo otro tema apasionante que requiere profundas y prolongadas reflexiones de nuestra parte, desde lo individual pero también en comunidad. Me refiero al mundo lleno de distracciones en el que estamos viviendo, ese que hemos construido sin ser conscientes de ello, sobre todo, sin habernos detenido a revisar sus impactos negativos en nuestra vida, en nuestra productividad, y peor aún, en nuestra capacidad de gozo y de presencia.

Una de las ventajas que experimento al levantarme antes que los demás es no solo el poder estar a solas y en silencio, sino más aún, poder estar sin interrupciones del celular o medios electrónicos. Esto me permite trabajar, meditar, tomarme un té, escribir, leer, lo que sea que decida hacer, de una manera mucho más concentrada y creativa. ¿Has notado cómo se ha normalizado estar constantemente siendo interrumpidos por sonidos, luces, notificaciones, que nos dicen —¡gritan!— que alguien nos envió algo, que nos estamos perdiendo de mucho o que urge nuestra atención en un tema? ¡No es sano, no es lo adecuado y no era así antes! ¿Quieres saber una de las peores consecuencias que tiene en ti y en mí? Que hoy en día tenemos una seria incapacidad para concentrarnos por un tiempo razonable en algo en concreto, y esto obviamente mina nuestra capacidad productiva y también impide que creemos cosas maravillosas en menor tiempo, porque cada minuto o cada 10 minutos leemos un mensaje, contestamos un correo, vemos una foto en Instagram, en fin, ¡lo que sea! ¡Nos distraemos todo el tiempo! Sophie Leroy, de la Universidad de Minnesota, al estudiar este fenómeno acuñó el término *residuo de atención*: movernos de una cosa a otra afecta la concentración y por tanto nuestro desempeño.

Lo vemos como algo normal cuando no lo es y demerita profundamente tu capacidad creativa, tu concentración. "La adicción a la distracción es la muerte de la producción creativa", dice enfáticamente Robin Sharma. Las empresas pierden millones de pesos por las constantes distracciones de su gente. Y lo más triste es que nosotras perdemos parte de nuestra vida por estar en otro lado, en otra cosa. Existe una gran diferencia entre estar ocupado y ser productivo. ¿Cuál es? Que una persona ocupada no siempre produce algo valioso, puede perder tiempo, no concentrarse y por ende no generar algo de valor.

¿Sugerencias de qué hacer con este mal que nos aqueja?

Primero, ser muy consciente de ello y sobre todo de sus consecuencias negativas. Segundo, junto con el deseo de buscar ser más libres de las distracciones, empezar con prácticas sencillas para eliminarlas, por ejemplo, no tomar el celular al despertarnos.

Puedes empezar con unos minutos y paulatinamente alargar este tiempo. Si una hora te suena imposible, empieza con 10 minutos, ¡pero, por favor, que no sea lo primero que hagas al abrir los ojos! De la misma manera, durante el día, puedes practicar dejándolo por algunos minutos fuera de tu alcance, ya sea cuando leas o cuando estés comiendo con tu familia. Esta es una práctica formidable, porque muchas personas creen que pueden tener el celular enfrente y simplemente ignorar la llamada o las notificaciones, pero un estudio publicado en el *Journal of Experimental Psychology* descubrió que recibir una notificación e ignorarla causa la misma distracción que si la respondes. En mi caso me sirvió para poder escribir este libro dejarlo fuera de mi alcance, donde no lo viera, no lo escuchara y no me distrajera, solo así pude avanzar efectivamente. Por último, en la noche, la última práctica del día: no usarlo antes de irte a dormir, al menos 30 minutos o una hora antes, apágalo y déjalo lejos de tu cama. Existen diversos estudios que lo recomiendan como una estrategia para dormir mejor.

El celular y el uso que hacemos de él me parecen temas serios y delicados que merece la pena reflexionar porque, nos guste o no, vivimos en una sociedad sobreestimulada. Principalmente cuidar en qué invertimos nuestra "economía de la atención". ¿A qué le dedico mi tiempo en pantalla? ¿Soy de las que se entera hasta de cuál fue el desayuno del asesino que disparó en Las Vegas esta madrugada en un concierto? ¿Me la paso reenviando noticias rojas y negativas de las que siembran miedo, sin ni siquiera revisar su certeza? ¿Leo sobre cultura, escucho buenos podcasts, busco estar en contacto con algún amigo que está pasando por un mal momento o me dedico solo a distraerme?

Lo más riesgoso es que, aunque sabemos que estar pegadas a la pantalla perdiendo el tiempo no es lo mejor ni intelectual ni emocionalmente y que tenemos el genuino deseo de disminuir el tiempo invertido ahí, por lo general nos gana la parte emocional —sí, es a *nivel emocional* lo que nos jala—, la diversión, el placer, la distracción... No hay que olvidar que finalmente están diseñadas tomando en cuenta estas necesidades psicológicas. De esta manera, el entretenimiento que encontramos en nuestro teléfono se ha llegado a convertir en un enemigo y en una tentación constante. En lo personal, me ha ayudado el ser consciente del rato que paso en él perdiendo el tiempo y he tratado de buscar un equilibrio entre lo que me divierte y entretiene y aquello que me suma y me enriquece.

En resumen, estas nuevas tecnologías y medios sociales no solo nos roban nuestro potencial creativo, también nos están acostumbrando a ser menos humanos. Debido a esto tenemos menos conversaciones reales, menos conexiones profundas y menos interacciones con sentido. Es un tipo de sabotaje inconsciente que nos hacemos a nosotras mismas. La próxima vez que estés frente a una amiga o comiendo en familia, practica —aunque sea por solo un rato— no tener frente a ti el celular. Yo me comprometo contigo, al escribir esto, a ponerlo también en práctica. ¡Vaya que me hace falta!

Vamos haciendo un esfuerzo por desarrollar y mantener hábitos que sumen, que nos enriquezcan, que mejoren nuestra vida. Y vamos tratando de eliminar aquellos que no nos ayudan. En vez de enfocarnos en lo que nos falta, vamos enfocándonos en lo que sí tenemos, en lo que sí podemos hacer, en donde sí somos capaces de hacer una diferencia, en lo que somos buenas y en lo que queremos fortalecer y trabajar, tanto en esa

CÓMO CONSTRUIR MEJORES HÁBITOS

hora que nos levantaremos más temprano, como en ese tiempo que vamos a dejar de distraernos con las redes sociales. Mejor practicar nuestra atención plena, estar presentes todos los días, al respirar, al caminar, como un antídoto a este mal que nos aqueja.

# 4

# Buscando el éxito sin culpas

## No nos preparan para ser mamás

*La lucha es real. El malabarismo es real. Por eso todo el mundo debería contratar madres trabajadoras. Se ponen en situaciones locas todo el tiempo y se ven obligadas a resolver problemas. Son de los empleados más ingeniosos.*

Sara Blakely

El hecho de ser mamás que emprendemos, trabajamos o perseguimos nuestros sueños no significa que somos "malas madres". ¡Por favor! Tampoco significa que no tengamos tiempo para gozar a nuestros hijos. Aunque no siempre es fácil y cada circunstancia de vida es distinta, te aseguro que tenemos la capacidad de perseguir lo que queremos y, además, de disfrutar su compañía, de estar al pendiente de ellos y de aprovechar cuanto recurso cae en nuestras manos para conseguir estar cerca de ellos, estar al pendiente de su estado emocional y de sus necesidades. De pasada, también les podemos enseñar a estar al pendiente de las nuestras (leer, tener tiempo a solas, descansar, acostarnos temprano, cada una tendrá las suyas), a ser más generosos, menos demandantes, más solidarios y menos narcisistas. Claro, no es tarea sencilla, educar a los hijos nunca lo ha sido, ni para las mamás que trabajamos, ni para las que se quedan en casa. Lo que sí es crucial es que lo hagamos paradas en una plataforma de orgullo y no envueltas en culpas pidiendo perdón. Antes que nada, debes sentirte satisfecha por el trabajo que haces fuera de casa, sea remunerado económicamente o no, y no sentir que estás haciendo algo incorrecto por buscar realizarte con más actividades, aparte de tu entorno familiar. A mí siempre me ayudó leer libros sobre cómo educar hijos positivos, cómo enseñarles a ser empáticos, cómo inculcarles buenos hábitos, etcétera. Hoy en día existen cientos de podcasts, blogs, incluso aplicaciones que te ayudan con el tema de la educación de los hijos, mejores prácticas, preguntas y respuestas, todos elaborados por expertos en el tema. Ya no hay excusa para no prepararse y tratar de vivir este rol desde nuestra mejor versión.

## Club de libro de mamás e hijas

¿Qué otras cosas me han funcionado con mis hijas? Pasar mucho tiempo juntas y disfrutarlo; buscar cosas originales que hacer, como un "Club de libro de mamás e hijas" que formé con ellas cuando tenían 12 y 13 años. Fue una de las dinámicas más formidables que compartimos por varios años, y justo como lo buscaba, tuvo un impacto significativo en ellas cuando eran adolescentes.

Leí acerca de este plan y su manera de ejecutarlo en un libro que me regaló mi cuñado Armando de la autora Shireen Dodson. Se llama *The Mother-Daughter Book Club*, y en él cuenta cómo desarrolló la idea de formar un club de lectura con otras mamás e hijas en el momento que su hija de 12 años estaba por entrar a la temida adolescencia. Ella sentía que necesitaba encontrar un lugar seguro y un canal diferente de comunicación porque notaba que su hija, como cualquier preadolescente, ya no la quería escuchar y le ponía más atención a toda la información que le llegaba por los diversos medios de comunicación existentes: revistas, televisión o artistas famosas —y eso que en ese entonces todavía no existían las redes sociales—. Me identifiqué con esa sensación y preocupación, por lo que decidí formar nuestro propio club de libro.

Shireen tuvo la notable idea de formar un club de lectura con 10 mamás amigas que tenían hijas que rondaban la misma edad que la suya. El secreto del éxito está basado en que todas las mamás deben respetar las instrucciones del club, empezando por no interrumpir a su hija cuando habla y mucho menos corregirla. Además, tanto ella como su hija deben tomar con toda formalidad y compromiso las reuniones mensuales.

Este es un club de libro en el cual todas las participantes leen el mismo libro cada mes y después se reúnen una tarde para comentarlo, discutirlo y hacer dinámicas alrededor del tema. Las reuniones se turnan de casa en casa y la mamá y la hija a las que les toca ser anfitrionas ese mes preparan una rica merienda, eligiendo y cocinando el menú juntas, sirviéndolo en la mejor vajilla de la casa y recibiendo a todas las del club con ilusión y preparación. Asimismo, se deben tener previamente organizadas algunas actividades, dinámicas, cuestionarios, *rallys* o concursos. Todo lo que se les ocurra a las anfitrionas que esté basado en los personajes del libro, los temas que toca o la trama general. ¡Esta parte es la más divertida! Con nostalgia recuerdo cómo lo gozamos; leer juntas, preparar lo que íbamos a cocinar y ofrecer, así como buscar actividades originales y entretenidas.

La selección de los libros a leer es uno de los puntos cruciales, porque se trata de buscar aquellos que toquen temas que son de interés de las adolescentes y justo esos que son un reto platicar y discutir con ellas de manera directa: autoestima, apariencia, amistad, drogas, noviazgos, embarazos no deseados, anorexia, sexualidad, *bullying*, divorcio, valores, etcétera. Igualmente se pueden elegir temas clásicos, por ejemplo, *El diario de Ana Frank*.

Esta es la base y la razón de ser del club: poder tocar todos los temas inquietantes y centrales de la adolescencia en un espacio abierto, seguro, donde cada una pueda externar su opinión, sin que nadie la juzgue —primera regla— y donde todas escuchan con respeto y atención. Recuerdo una ocasión en que una de las niñas de nuestro grupo comentó que le encantaría algún día pro-

LA AMBICIÓN TAMBIÉN ES DULCE

bar la mariguana y ni su madre ni las demás mamás le brinca-
mos a la yugular, ni le soltamos un sermón sobre las desventajas
—todas respetamos siempre las reglas— y solo opinamos, sin
juicio, lo que cada una pensaba sobre el tema. Entonces, viene
lo que sí funciona: que tu hija escuche de otra mamá o de otra de
las niñas lo que tú le quisieras decir o recomendar, porque esto
lo recibe de mejor manera que si viene de ti y además aprenderá
que puede hablar tranquilamente en una forma honesta y transparente de todos los temas que le inquietan.

Nuestro club de libro lo formé con nueve amigas cercanas,
quienes con entusiasmo y compromiso se dedicaron por varios
años a crear un espacio especial para nuestras hijas. Todas
guardamos cientos de formidables recuerdos de nuestras reuniones, algo que atesoramos con gratitud. Fue algo realmente
especial, de gran utilidad para esos años en los que a veces no
encuentras la manera de acercarte a tu hija adolescente, tener
una actividad de interés y disfrutar algo juntas.

Tengo presente cómo para las hijas que formaron parte del
grupo tuvo un valor enorme tener un espacio, una dinámica, en la
cual solo ellas y su mamá participaban. ¡Nada de hermanos! Eso
les encantaba a todas. A mis hijas las hacía sentir especiales,
relevantes, por eso confirmo que este ejercicio del club de libro
tiene un inmenso valor. Y aunque mi club fue pensado para madres e hijas, no debe tomarse como excluyente. Recuerdo que
Bernardo, mi primo, emocionado por lo que le platiqué, organizó
el suyo con su hijo y consiguió también excelentes resultados.

## CORONAR A TUS HIJOS

Entre los cientos de talleres y cursos que he tomado resaltan
los que tomé con Gonzalo Zubieta, maestro y escritor chileno,
consultor en temas de estrategia de negocios, liderazgo y manejo de relaciones personales. Con él aprendí conceptos e ideas
novedosas, valiosas, prácticas, que trascendieron el ambiente empresarial hacia el familiar y que consiguieron cimbrarme

en lo más profundo de mi ser. Gracias a él descubrí que cada persona tiene una estructura mental diferente. Esto se debe a que cada uno tiene un cuadrante —dividiendo el cerebro en cuatro partes, emocional, racional, frontal o basal— más desarrollado y, por ende, más predominante que los demás. Estamos "cableados" —según la neurociencia— para enfrentar las situaciones diarias en cuatro direcciones distintas y a veces opuestas. En algunos de nosotros, el preponderante será el hemisferio izquierdo (racionales, premeditados, disciplinados) y en otros el derecho (emocionales, empáticos, creativos), este a la vez relacionado con características más frontales o más basales. Como suele ocurrir en las familias, mi manera de estar "cableada" es diferente a la de mis hijas. Antes de entender este concepto, y la importancia de reconocer las diferencias, por un montón de años luché incansablemente para conseguir que ambas reaccionaran igual, decidieran lo mismo y fueran disciplinadas y ordenadas como yo. Por supuesto, me topé con la pared una y otra vez.

Durante todo este tiempo busqué comunicarme con mis hijas desde un mismo canal, el mío. Esperaba que ambas entendieran mi mensaje de la misma manera y que respondieran como yo lo haría. Sobra decir que esto rara vez sucedía, debido a que ellas son distintas entre sí, como suelen ser los hermanos. Me identifiqué, como la mayoría de los padres, con aquella que se parecía más a mí y me enfrenté con la que era más diferente. Sabía que era una niña con un corazón enorme, generosa, empática, siempre preocupada por los otros y por su bienestar, pero con poca disciplina, desorganizada, olvidadiza y sin un gran interés por el estudio. Al buscar que fuera como yo, estudiosa, perfeccionista y disciplinada, perdí por un tiempo la capacidad de ver y abrazar profundamente todas sus otras virtudes, reconocerlas en voz alta, aplaudirla, respetarla y aprender de las tantas características hermosas que tiene. Fue así como únicamente "coroné" —término acuñado por Gonzalo Zubieta— a su hermana mayor, porque ella sí cumplía mis expectativas y se parecía a mí.

Después de varios cursos con Gonzalo, haciendo un análisis interno honesto y valiente, me di cuenta a tiempo, por fortuna, cuando todavía vivíamos bajo el mismo techo, que me faltaba "coronarla", aplaudir su esencia, su manera de ser, sus características particulares, para que ella supiera y sintiera que la quería y admiraba justo como era. Ya no buscaba que cambiara, que diera mejores resultados o consiguiera algo especial. Siendo ella misma era más que suficiente y para mí su felicidad siempre sería lo más importante.

Así que le escribí una carta, una carta larga que me tomó varias semanas preparar y en la que abrí mi corazón. ¡Lloré tanto! Le expliqué, como en un cuento, por qué había sido una mamá tan exigente. Al haber crecido en una familia de personas estudiosas, con un padre que valoraba mucho la cultura y la preparación, crecí creyendo que eso era lo más importante que debía cultivar. Cuando me convertí en mamá, pensé que mis hijas, para ser exitosas, debían ser igual de estudiosas y responsables. Me concentré en ese aspecto y perdí de vista muchos otros igual o más importantes. Pero ahora podía reconocer mi error, pedirle una disculpa y abrazar a la persona maravillosa y única que tenía enfrente, un regalo que atesoraré toda mi vida. Cerré el sobre y le dejé la carta en su buró. Como por arte de magia mi hija cambió, algo que hasta el día de hoy me sigue sorprendiendo gratamente. Siguió siendo diferente a mí, con sus propias cualidades y características, pero por primera vez se sintió real y profundamente querida, aceptada y valorada. Por fin pudo brillar y sacar lo mejor de ella. Hoy en día es una líder carismática, querida por todos los que trabajan con ella, con gran experiencia y conocimientos de negocios, preparada, segura de sí misma y bastante organizada. Ha recibido varios reconocimientos y premios como emprendedora, participado en podcasts y una que otra conferencia conmigo y a solas.

Todas las madres educamos con nuestras mejores intenciones, buscamos que nuestros hijos sean exitosos —desde nuestra muy personal concepción del éxito—, pero también nos equivocamos y "metemos la pata". Por ello me parece importante no ser soberbias, reconocerlo y tratar de corregir, si fuera el caso, de manera honesta y con el corazón abierto. No tenemos que tratar de ser esas madres omnipotentes, omnipresentes, todopoderosas, que todo lo saben. Es primordial que nuestros hijos nos vean humanas, que lloramos, nos cansamos, pedimos ayuda, nos equivocamos y sabemos pedir perdón. La maternidad es un trabajo de toda una vida, para el que rara vez nos preparan, he ahí la relevancia de leer sobre el tema, asistir a cursos, prepararnos, escuchar a expertos y, sobre todo, ser humildes para dar marcha atrás cuando sea necesario.

Si este tema te parece interesante, te recomiendo responder el cuestionario que te permite saber cuál es tu cuadrante predominante, y por supuesto lo pueden tomar otros miembros de tu familia para que consigan entender sus diferencias y de dónde vienen. Los interesados en averiguarlo pueden entrar a Emetpartners, el test se llama FlowiQ. Hay que pagar una cuota que vale totalmente la pena, por la claridad e información que revela.

## COMPARARNOS NOS ROBA LA ATENCIÓN Y LA FELICIDAD

¿Qué tal si dejamos de compararnos entre nosotras las mujeres, entre el estilo de mamá que decidimos ser y el tipo de familia que elegimos construir? ¿Qué tal si dejamos de juzgarnos entre nosotras y decidimos disfrutar y agradecer más?

Tengo presente un taller sobre la felicidad que tomé hace más de 20 años, en donde uno de los aprendizajes que me marcó profundamente es que en estos tiempos en que vivimos gran parte de los seres humanos hemos aprendido a postergar la felicidad. Esto quiere decir que habitualmente sentimos que para ser felices nos hace falta algo. Nos hace falta más dinero en el banco, una casa más grande, que nuestros hijos se casen con una buena pareja o que nos promuevan en el trabajo. Los ejemplos son interminables: la esencia es que para ser felices necesitamos más de lo que tenemos actualmente. Recuerdo haberme sentido identificada con este patrón. ¿Te describe a ti también?

La experiencia me marcó al punto de hacerme modificar mi concepto de éxito, por uno que implica estar contentas y satisfechas con lo que tenemos, en todas las etapas de nuestra vida. Recuerdo que desde que inicié mi negocio siempre me sentía feliz, exitosa y satisfecha. Desde la época en que vendía 40 pasteles a la semana, que luego se convirtieron en 400, después en 4000... ¡Hasta llegar a los 40000 semanales! Mi personalidad positiva y este aprendizaje me ayudaron a no colocar mi felicidad y realización como metas lejanas o dependientes de la venta de un número determinado de pasteles o de sucursales abiertas. Aprendí a disfrutar del camino, por más largo e incierto que sea, y no solo celebrar la llegada a la meta.

## ¿Cómo sueles ser tú, eres de las que pospone la felicidad o disfrutas cada día, cada paso? ¿Celebras tus logros o siempre te falta algo?

He sido testigo de historias de amigas y amigos que, obsesionados con su competencia, comparándose constantemente, no se permiten celebrar y sentirse satisfechos de sus logros; siempre hay alguien mejor que ellos, alguien que vende más o que ha recibido más reconocimientos. Me pesa percibir cómo se pierden de tanta alegría y satisfacción. No solo en el área de trabajo, sino en todas: en el físico —siempre queriendo estar más delgada o con más condición física—, en la familia, en la pareja, poniendo atención a todo lo que creen que falta y no a lo que sí hay. En esta sociedad tan consumista en la que nos hemos convertido, pesa más esta insatisfacción, la cual aprovechan de manera magistral los medios de comunicación para vendernos productos y más productos, con el argumento injusto de que, para estar completos, para sentirnos plenos y felices nos hace falta comprar tal o cual coche, celular, viaje o zapatos.

## ¿CONTRA QUÉ TE COMPARAS TÚ?

Con Denisse, amiga empresaria, exitosa fundadora de la granola Dasavena, a quien por muchos años he acompañado, *mentoreando* y aconsejando, hemos tenido que revisar y reflexionar juntas este tema de la insatisfacción porque ella, como incontables emprendedores y empresarios, siente este continuo sentimiento de insatisfacción, incluso fracaso. (¡La realidad es que es exitosísima! Ha superado grandes retos, momentos de desvelo, incertidumbre, frustración, malos tratos, en fin... un montón de obstáculos, avanzando a pasos agigantados, dejando a la competencia atrás.) Una de las razones es que mide sus logros contra sus ideales, en lugar de medirse contra dónde empezó (la cocina de su casa, y hoy su granola se vende en todo el país y en Estados Unidos). Puedes solo fijarte en lo que te falta para lograr ese ideal, como le pasa a ella, y frustrarte por sentirte lejos de esa meta. Por el contrario, puedes detenerte para compararte contra donde estabas cuando comenzaste este proyecto, este emprendimiento y celebrar lo que sí has logrado y lo lejos que has llegado.

Algo que ayudó a Denisse fue leer el libro de Dan Sullivan *The Gap and the Gain* para descubrir que no es la única que se siente así, y aprender que **puede medir sus logros contra lo que le falta para alcanzar ese ideal que se puso**, lo cual la lleva a continuamente sentirse frustrada y que no llega, o puede ver ese ideal como un camino a recorrer, no necesariamente como una meta. Ella sigue trabajando con este tema, que no se resuelve de la noche a la mañana, pero que sí le ha servido para celebrar con más frecuencia sus logros, y para tener en mente que se trata de ver en quién se quiere convertir en ese camino, buscar disfrutarlo más y reconocerse cada paso y de ver lo que quiere aprender a lo largo de esta aventura que emprendió.

Su trabajo y reto es medirse contra
dónde estaba cuando inició y sentirse

orgullosa con todo lo que ha logrado,
aprendido y compartido a lo largo
de ese camino.

Sullivan señala que mucha gente exitosa se mide contra el ideal, y ese ideal no está para ser alcanzado, el ideal te provee iluminación sobre lo que tus metas deben ser. También cuenta la historia de dos emprendedores exitosos, uno de ellos mide *la distancia* entre lo que ha conseguido y su ideal. El otro mide *la ganancia* entre sus logros y dónde empezó. Ambos son exitosos, pero uno de ellos se percibe a sí mismo como un fracaso, y juzga duramente sus logros.

A Denisse incluso le da pena que la feliciten. Me dice: "¿Pero por qué me echan tantas porras? ¡Me falta un montón de cosas por lograr!". Me consta que se ha preparado todos estos años para ser una mejor líder, estudia, pregunta, y aunque reconoce que sabe más que cuando empezó la empresa, siempre siente que no sabe lo suficiente, que no domina todos los temas empresariales que debería conocer y que pone en riesgo este negocio que tanto trabajo le ha costado y del que hoy en día tantas personas dependen. Invariablemente se está exigiendo saber más, dirigir mejor, conocer perfecto todas las áreas, ser experta en finanzas, y ser fuerte en estrategia, también en temas de cultura y recursos humanos, ser eficiente en procesos de producción y hasta en temas de innovación. ¡Agotador! ¡Inalcanzable! No festeja por solo poner atención en lo mucho que le falta por aprender, mejorar y lograr. Siente que si festeja es porque se está relajando. A veces mejor nos reímos juntas, y le recuerdo todos estos temas que ha leído, lo que dicen los expertos como Sullivan, que debe celebrar su éxito, apreciar sus logros y medir su progreso contra dónde estaba cuando empezó su negocio. Se ríe, me confiesa que lo hace y cada vez es más consciente de la importancia de disfrutar el camino y reconocerse lo conseguido y no enfocarse en lo que falta por conseguir.

Ojalá podamos ser conscientes,
como dice el Dalai Lama, de que no nos
falta nada para ser felices, que tenemos
en este momento, no en el futuro, todo
lo que necesitamos para sentirnos
satisfechas y contentas.

No pospongas tu satisfacción por conseguir tal o cual meta o misión, disfruta el camino, aprende con cada paso que das, con tus errores y aciertos, y sobre todo mídete en función de lo logrado hasta hoy y no contra lo que te falta. Y como madres, dejemos de posponer nuestra felicidad por que nuestros hijos se gradúen con buenas calificaciones, o consigan formar una bonita familia. Gocemos cada momento que nos toca vivir con ellos, cada etapa, y festejemos sus logros aquí y ahora.

# 5

# Vivencia del éxito en las mujeres

## Marisa, ¿cómo le haces para manejar tus culpas?

*Alguna vez tuve miedo de que la gente dijera:
"¿Quién se cree que es?" Hoy tengo
el valor de levantarme y decir:
"Esta es quien soy".*
OPRAH WINFREY

El auditorio de la universidad estaba lleno, los más de 400 alumnos hacían que en el lugar se sintiera bastante calor. Me emocionaba ver a todos atentos a lo que yo iba a decir. Podía ver que ninguno tenía la mirada clavada en su celular porque sentía sus miradas directo hacia mí, expectantes, atentos. Empezaba a sudar, suelo acalorarme cuando estoy dando una conferencia, pero no son nervios, son más bien mis ganas, mi energía. Empecé contando historias de cómo ha sido la evolución de mi empresa, después hablé un poco acerca de mi filosofía como mujer y empresaria y de los retos que he encontrado; errores, aciertos y sobre todo del gozo que ha sido para mí fundar y crecer esta compañía.

Al terminar la conferencia vino la tan esperada sesión de preguntas y respuestas, me encanta escuchar las preguntas de los jóvenes y responderlas. Una jovencita que estaba sentada en las filas de más adelante, con unos lentes que la hacían parecer muy estudiosa, tomó el micrófono e hizo la pregunta que tantas veces me han hecho. Una pregunta que hoy ya no me sorprende, pero que define acertadamente la realidad que enfrentamos nosotras las mujeres, cuando se trata de perseguir nuestros sueños.

Marisa, ¿cómo le haces para manejar tus culpas?

La mayoría de las veces, cuando doy una conferencia o me toca participar en un panel, alguna mujer me hace este tipo de cuestionamientos, sobre todo quieren saber cómo le hice para no permitir que estas frenaran mi carrera empresarial. ¡Las mujeres vivimos tan llenas de culpas! ¡Qué fuertes y vigentes se mantienen estos mandatos culturales! Esos que nos dicen que nosotras estamos mejor en nuestra casa, dedicadas exclusivamente a nuestro hogar y al cuidado de los hijos.

Suelo responder con las estrategias que he utilizado para que esas culpas, que todavía me quedan, no me frenen ni me estorben, platico cómo las guardo en algún lugar de mi mente donde pierde fuerza su voz —y le subo el volumen a mi voz interna— y al mismo tiempo aprovecho estas ocasiones para que conmigo las asistentes se cuestionen este tema, para que juntas reflexionemos sobre el origen de estas culpas, sobre las enseñanzas que recibimos desde niñas y cómo estas afectan nuestro sentir y nuestras decisiones. Es una realidad que todavía hoy en pleno siglo xxi sigue presente: la idea de que los hijos de las mujeres que trabajan crecerán medio abandonados o con algún trauma por no tener a su madre siempre que la necesitan. ¡Este prejuicio sí que nos frena! Nos hace sentir malas madres, mujeres egoístas porque perseguimos nuestros sueños. Está tan naturalizado que a veces no somos conscientes de cómo esta creencia limita nuestro desarrollo. Por ello, el simple hecho de platicar, discutirlo, cuestionarnos, nos ayuda a ser más conscientes de esto, de cómo es algo que ya no aplica en nuestros tiempos, que fueron mandatos de otras épocas y que ya no deben llenarnos de miedos ni de culpas y mucho menos frenarnos.

Igual me pasa cuando estoy en una entrevista, sin importar si el entrevistador es hombre o mujer, invariablemente me pregunta por mis hijos. Hasta el día de hoy jamás me ha tocado escuchar que le hagan esa misma pregunta a un hombre empresario, aunque estemos en el mismo panel, a ellos nunca les cuestionan su paternidad. ¡A la mujer sí! De forma velada y tal vez inconsciente, dan a entender que mis hijas, por crecer con una madre trabajadora, dedicada a algo más que su familia, desarrollaron algún problema psicológico grave por el supuesto *abandono* sufrido. A lo que les contesto, para mostrar lo sesgado de su pregunta: "Mis hijas son dos chavas normales, felices, que luchan por lo que quieren, generosas y poco narcisistas". O les digo que les contestaré solo después de que le formulen la misma pregunta a José, mi amigo empresario sentado a mi lado.

## Como mujeres hemos crecido llenas de expectativas sociales, exigencias, mandatos de género...

que fueron establecidos hace cientos de años; son una serie de asignaciones de cómo debemos ser, sentir y actuar. Se nos ha dicho que una "buena mujer" es aquella que se dedica en cuerpo y alma a sus hijos, a su hogar, a su familia. Se espera que seamos dulces y afectuosas. Se han convertido incluso en virtudes el sacrificio, la entrega, la capacidad de vivir para el otro. Y desde ahí se nos juzga. ¡Pobre de aquella que no quiera vivir para los otros! No nos extraña que lleguemos a convencernos de que nuestros intereses y deseos deben estar en segundo plano. Por eso vienen las culpas, en parte por ello nos sentimos "malas mujeres" y malas madres, porque no estamos cumpliendo con ese mandato de siglos, que para muchas es un peso enorme, un lastre. Y por ello las mujeres aprendemos a ceder, nos ponemos en desventaja en las negociaciones, poniendo frecuentemente nuestros intereses en segundo plano, por evitar el conflicto o para aplacar estas culpas.

Son trampas, así debemos verlas, analizarlas, cuestionarlas. Todas las acciones que conlleva el concepto de *trampa* han estado presentes en la construcción de la desigualdad. Son conductas injustas que se han hecho normales.

Estos entrevistadores estaban juzgando mi papel de mujer, preguntando para ver qué tal cumplo con el rol de madre, para ver si me aplauden o me desaprueban. Ser mujer es cumplir con lo establecido o somos egoístas y "malas mujeres". Muchas hemos transitado por la vida con códigos estrictos y socialmente definidos, a menudo acatados por nosotras sin cuestionarlos, sin ningún tipo de reflexión. Nuestra tranquilidad y ausencia de culpas viene cuando las mujeres tomamos posesión de nosotras mismas y esto requiere necesariamente del desprendimiento de lo que ya no es pertinente. Como cuando decidí que dedicar buena parte de mi día y de mi vida a mi negocio no era algo indebido ni incorrecto, sino algo digno de lo cual me sentía orgullosa y satisfecha. Que eso no me hacía ni una "mala mujer", ni tampoco una madre incompetente.

Mis hijas crecieron al lado de una mamá que trabajó desde que tienen uso de razón, a la que vieron regresar a casa todas las tardes con una sonrisa dibujada en el rostro, satisfecha, contenta y realizada. Esto consiguió que vieran como algo atractivo y valioso trabajar fuera de casa. No crecieron junto a una madre que se quejaba constantemente de lo duro que era ser mamá y ser emprendedora al mismo tiempo. No tuvieron que convivir con la amargura o el enojo, el reclamo y el cansancio. Siempre fui honesta con ellas. Les dije que si no trabajaba y me realizaba en esto que tanto disfruto y amo, me sentiría frustrada y coartada. Les expliqué que, para mí, el estudio, la preparación y construir mi negocio eran áreas de mi vida que me llenaban el alma, tanto como ser madre. Y se siente tan bien decirlo abiertamente. ¡Cómo ayuda verbalizar las cosas, ser honesta y transparente! Desde chicas las preparé para que actuaran como mujeres decididas, valientes; que no fueran por la vida disculpándose por perseguir sus sueños, cualesquiera que estos fueran.

Recuerdo varias ocasiones que al salir de nadar muy temprano, oliendo a cloro, cargada de energía por el ejercicio realizado, no faltaba alguna señora, incluso amiga, que me soltaba frases —con la ceja levantada y la mirada enjuiciadora— y cuestionamientos como: "¿Ya vas de salida tan temprano? ¿No llevas tú a tus hijas al colegio, no las peinas tú y les das de desayunar? ¿Tus hijas están realmente bien cuidadas mientras trabajas? ¿Qué dice tu marido de que trabajes tanto?" Por fortuna estos comentarios no venían de la gente más cercana e importante para mí. Mis padres, suegros, pareja, hermanos y amigos más queridos siempre apoyaron y aplaudieron mi desarrollo. Y aunque estos señalamientos buscaban sembrar dudas, miedos y remordimientos, nunca dejé que crecieran en mí, ni que fueran motivo de angustia o que me hicieran retroceder en mi crecimiento. Sabía que no estaba haciendo algo incorrecto. Perseguir mis sueños y ser ambiciosa no es algo reservado solo para los hombres. Tenía la certeza de que mis hijas estarían bien, incluso mejor, por tener una madre feliz y realizada.

Tuve la suerte de que el padre de mis hijas, con quien estuve casada 20 años, jamás cuestionó o juzgó mi emprendimiento ni mis horas dedicadas a trabajar. Por el contrario, fue un gran porrista de mi éxito, de cada tienda nueva que abría, y se comprometía con el cuidado de nuestras hijas con total equidad. Los días pesados de diciembre, cuando las niñas ya estaban de vacaciones, me decía que no me preocupara, que me fuera a trabajar y que él se las llevaba al zoológico o al cine. Si por algo me tenía que quedar a trabajar horas extra, él las ayudaba con las tareas y, lo más importante, siempre les dio a mis hijas el mensaje de que lo que su mamá hacía era algo valioso e importante.

Fueron varias las razones por las que decidimos divorciarnos, sé que una de ellas fue que con el paso de los años, sin ser tan conscientes de ello, fuimos tomando caminos separados, con intereses distintos y motivaciones diferentes. Se terminaron las conversaciones largas, las ganas de pasar tiempo juntos, en fin... A veces el amor se acaba sin que te des cuenta, y cuando abres los ojos ya es demasiado tarde. Fue algo muy doloroso para mí, algo que me tomó muchos años decidir, porque yo me había casado para toda la vida, porque él es una buena persona y porque además quería y quiero profundamente a toda mi familia política. Siempre tuve una excelente relación con todos ellos, especialmente con mis suegros, de quienes solo recibí cariño, porras y atenciones. No quería perderlos, no quería perder las comidas familiares en las que tanto me reía, pero aprendí que cuando uno toma decisiones difíciles y de ruptura, vienen grandes pérdidas y renuncias. No se puede tener todo en la vida.

Algo que también hice, muy a mi estilo, fue prepararme para tener una buena separación. Leí un montón de libros sobre el tema; cómo manejarlo mejor con los hijos, cómo comunicarlo, acompañarlos y sobre todo conseguir que sintieran que seguíamos siendo una familia. Esto me dio alivio, rumbo y pasos a seguir. Me sentí acompañada, con argumentos claros, y sobre todo me dio la tranquilidad de saber que mis hijas al final estarían bien. Entre los libros que leí, los que más me sirvieron fueron *We're still a family* y *The good divorce*, ambos de Constance Ahrons.

Por fortuna, a lo largo de estos años he podido mantener una relación cercana y cariñosa con toda mi familia política, al grado de que siempre que festejo mis cumpleaños están invitados, y cuando hay boda, bautizo o cualquier festejo de su lado, yo también estoy incluida. Mis suegros hasta el día en que fallecieron fueron amorosos y me decían que siempre serían mis suegros, y lo que más valoro y les agradezco es que jamás les hablaron mal de mí a mis hijas; por el contrario, mi suegro les decía que tenían que estar muy cerca de mí, que me aprendieran lo más que pudieran porque yo era una gran empresaria y mujer. Y mi exmarido igual, nunca me criticó frente a ellas, siempre habló de mí con respeto, como lo he hecho yo sobre él. Para mis hijas esa fue una GRAN diferencia en la vivencia de nuestro divorcio, no pasaron por lo que una gran parte de los hijos de padres divorciados pasan: pleitos, ofensas, bandos, mentiras, angustias y vergüenza. Cuando los padres se critican tanto y les hablan "pestes" de la expareja, olvidan que somos su papá y su mamá y que a quienes más daño les hacemos es justo a ellos, y que son los que más sufren y pagan "los platos rotos".

Hasta el día de hoy me siento agradecida con mi exmarido, a quien le guardo un gran cariño y sé que es el mejor papá que pude elegir para mis dos hijas. Y ellas son profundamente cariñosas, cercanas y generosas con él, y a mí me enorgullece que así sean.

Soy consciente de que no todas las mujeres han corrido con mi suerte, y estas culpas y juicios pueden tener más fuerza. El miedo es un sentimiento común en todos los seres humanos; ahora bien, debido a la educación que recibimos y la cultura en que vivimos, las mujeres podemos llegar a renunciar a oportunidades por ese miedo a "perder o descuidar el aspecto personal", deteniendo por completo nuestro desarrollo. Nuestro lenguaje interno, la manera en que nos hablamos y lo que generalmente escuchamos del exterior son voces que con frecuencia nos cuestionan los supuestos "costos" de perseguir nuestros sueños. Costos familiares, personales y, en especial, relacionados con nuestros hijos. Como si el hecho de trabajar pudiera tener consecuencias graves y negativas en su desarrollo.

También soy consciente de que la realidad, los retos y obstáculos que enfrenta una mujer que trabaja en una empresa (no propia, como en mi caso, o de su familia) ya sea privada o pública, así como en el gobierno, son diferentes y significativamente mayores, lo que requerirá de una buena organización de su agenda y prioridades, de más negociaciones y de aguantar más presión familiar y social. No es dueña de su agenda como lo fui yo y si quiere llegar a las posiciones más altas deberá sacrificar tiempo con su familia, porque le exigirán lo mismo (en realidad mucho más) que a sus compañeros hombres, quienes no deben cumplir con las obligaciones del hogar y los hijos con la misma exigencia. La cultura de cada empresa es única, pero en general las mujeres requieren de más esfuerzo y sacrificio para demostrar sus capacidades.

Mujeres como Indra Nooyi, primera mujer de color e inmigrante en dirigir una de las 50 compañías más importantes listadas por *Fortune*, tuvo que afrontar un sinnúmero de dificultades para poder compaginar su demandante trabajo, lleno de viajes y temas urgentes, con su familia y sus dos hijas pequeñas. Sus responsabilidades la llevaron a decir que no cuando hubiera preferido decir que sí y a poner su trabajo por encima de su familia y amistades. En su libro *Mi vida plena* comparte estos sacrificios y cómo durante muchos años estos sentimientos de culpa por no haber sido una madre de tiempo completo para sus hijas la carcomía, recordando esos días con cierta tristeza. Temporadas que implicaban iniciar su jornada a las 6:00 a. m. y terminar a las 10:00 p. m. Nadie parecía notar o considerar su situación como madre de dos niñas que apreciaba tanto el tiempo, y hoy se arrepiente de no haber sido más clara y haberlo pedido.

Conforme pasaban los años le agregaban exigencias y responsabilidades a su agenda, teniendo que elevar su eficiencia todavía un poco más. Ella no se comparaba con los hombres a su alrededor, pero más tarde se enteró de que estos llevaban años recibiendo generosos bonos especiales en acciones, mismos que a ella jamás le ofrecieron en sus primeros seis años. Le llamó la atención (y después trabajó para modificarlo) el hecho de que el área de Recursos Humanos tolerara esta diferencia entre la remuneración de las mujeres y los hombres.

Coincido plenamente con sus reflexiones sobre la vivencia del éxito en las mujeres. Describe cómo a las mujeres se nos exige un nivel diferente al de los hombres cuando se trata de celebrar nuestros logros profesionales. Hagamos lo que hagamos, nunca somos suficiente. Conseguir un ascenso o un premio fuera de casa a veces parece significar que, o bien ese premio fue fácil de conseguir, o bien estamos dejando de lado nuestras obligaciones domésticas. ¿De verdad vamos a seguir juzgándonos así entre nosotras? Recalca que este juego de suma cero para las mujeres cuando se trata de logros laborales o familiares es pernicioso.

## ¿Por qué no dejar que las mujeres tengan éxito en todos los aspectos de la vida?

A todos nos gusta ver a nuestras hijas ganar en los deportes o en los concursos de ortografía cuando son niñas. Entonces, ¿por qué menospreciamos a las mujeres adultas que triunfan en el campo profesional haciendo comentarios sobre si son igual de fabulosas en casa?

Son ya varias décadas, por fortuna, que mujeres valientes, inteligentes y con una mirada y lectura que rompe paradigmas han escrito, investigado y repensado lo que es ser mujer en tiempos modernos. Admirables todas ellas, nos han permitido repensar nuestro papel en la familia, en el trabajo, en la pareja, en la sociedad y cuestionar aquello que hoy no nos hace sentido y tratar de construir la vida que sí queremos vivir, aquella donde podamos dar lo mejor de nosotras y brillar con nuestro propio brillo. Junto con ellas podemos redefinir lo que significa ser exitosa como mujer en este tiempo. Todo lo que he aprendido de escritoras como ellas lo he traducido y aplicado en mi vida, bajo mi propio estilo, con mi interpretación y con mis reflexiones. Y así lo comparto aquí.

## LA VIVENCIA DEL ÉXITO EN LAS MUJERES

La primera vez que escuché sobre este tema fue al leer el libro *Los laberintos del éxito: Ilusiones, pasiones y fantasmas femeninos*, de la psicóloga clínica argentina Clara Coria. Fue una lectura que puso palabras a lo que yo sentía, que me hizo darme cuenta de que no estaba sola, que muchas mujeres en diferentes partes del mundo sienten lo mismo. De inmediato empecé a incluirlo en mis charlas, conferencias, debates, buscando hacer el tema más visible.

Primero debemos entender que los contenidos y significados que le atribuyen las mujeres y los hombres al éxito son diferentes. Para ellos el éxito consiste en el logro de objetivos que trascienden el ámbito privado y que cuenten con algún reconocimiento social. Su lista incluye dinero, prestigio, autoridad, premios y poder. Su mayor preocupación es no alcanzar todo esto o llegar a perderlo. Las mujeres —hoy en día cada vez menos— podemos darle un sinfín de significados al éxito y entenderlo como algo más íntimo, privado, de la casa, en gran parte por las enseñanzas que recibimos desde chicas de lo que era ser una "buena mujer", entiéndase una "exitosa mujer". Por ejemplo, mantener la armonía en la familia, que uno de nuestros hijos consiga una beca en el extranjero o servir una comida deliciosa para la familia. Sin embargo:

## Tanto en los hombres como en las mujeres, el éxito debe ser visible, aplaudido y reconocido socialmente.

Por mandatos culturales y prejuicios, una buena parte de las mujeres vive el éxito como una experiencia más atemorizante que enriquecedora. Esto se debe a que culturalmente el éxito ha estado prohibido para ellas, bajo la consideración de ser incompatible con el cuidado de la familia. Incluso existen diversas maneras de castigarlo: con chantajes, caras largas, sembrando culpas, señalamientos y otras formas de acoso más fuertes. Lo curioso —¡e injusto!— es que el éxito en los varones refuerza la admiración que su familia siente por ellos. Para los hombres la ambición del éxito público no supone una renuncia a construir una familia, a tener hijos y un hogar. Para las mujeres, en cambio, estos logros (el tener una familia feliz y unida, por ejemplo) suelen ser vistos como aspiraciones incompatibles con el éxito público.

Antes que nada, es fundamental comprender que *el éxito tiene que ser de una misma*, no de los hijos, no de alguien más. Porque es en el proceso donde está el enriquecimiento personal. Ser *protagonista* es reconocer los propios deseos y ponerlos en marcha. Es enfrentar obstáculos, correr riesgos, estimular la creatividad, hacer las cosas con entusiasmo y congruencia. ¡De esto se trata!

## De asumir el papel principal en nuestra vida y de no permitir que

nada ni nadie defina quiénes somos,
a qué o a quién le debemos dedicar
nuestro tiempo y cuáles deberían ser
nuestros sueños y pasiones.

Es profundamente liberador reconocer que sí tenemos ambiciones, que sí aspiramos a la independencia, al goce y al poder. ¿Qué tal si dejamos de disimular nuestras ambiciones, aunque se nos haya enseñado que en las mujeres no se ve muy bien?

En 2011 me otorgaron el reconocimiento "Mercurio Empresarial" en la Cámara de Comercio de Guadalajara, con lo cual me convertí en la primera mujer empresaria en recibirlo en más de 70 años. ¡Para mí fue todo un honor! Subí al estrado contentísima, vestida de color blanco y beige, poco maquillada, como suelo arreglarme, y tratando de controlar la emoción y los nervios, di mi discurso de agradecimiento. Aproveché para compartir todas estas ideas y agradecer el reconocimiento social a mi carrera como empresaria, como una base primordial del éxito. Y por primera vez, de manera pública, frente a todos los medios de comunicación invitados, reconocí que me encantaba el éxito, el poder, la independencia y que era una mujer con ambiciones. De ahora en adelante ya no podían criticarme por ello, era una mujer que lo había aceptado abierta y orgullosamente, dejé de disimular y me sentí libre y feliz.

Algo notable es que se disfruta
más cuando no tenemos que ir por
la vida disculpándonos por ser quien
decidimos ser.

¡Esto me encanta! Disfrutar más, no sentirnos culpables, no cargar con juicios y prejuicios. Pareciera que existe un mandato social que nos dice que una mujer es egoísta si acepta y defiende sus proyectos personales o si desafía la imagen altruista de la feminidad tradicional: "¡Ah, no! ¿Cómo está eso de que vas a perseguir tus proyectos personales? Si tu papel de buena mujer, madre, hija y esposa es vivir para los demás, ponerlos antes que a ti, ser siempre generosa, cuidar de ellos y buscar primero su felicidad y bienestar". ¿De verdad vamos a permitir que nos sigan juzgando con estas ideas retrógradas de hace cientos de años?

Para mí, todo cambió el día que me convencí de que ser protagonista de mi vida y perseguir mis sueños era tan posible como legítimo. Pude llegar a reconocer el éxito empresarial como una alternativa de vida atractiva y respetable. Curiosamente, también cambió la manera como los demás me miraron; no más preguntas incómodas, no más señalamientos.

Como dice Glennon Doyle, escritora estadounidense con tres bestsellers, en su libro *Indomable*: "Quiero que dejemos de traicionarnos a nosotras mismas por darles gusto a los demás. Porque el mundo necesita, para realmente evolucionar, ver a las mujeres, de una en una, vivir su más bella y auténtica vida, sin pedir permiso, disculpas u ofrecer alguna explicación".

## Hábitos que nos frenan a las mujeres

Suelo ser de las personas que no van por la vida quejándose, prefiero poner atención, esfuerzo y dedicación en aquello que puedo controlar, lo que está en mis manos modificar. Por lo tanto, trato de no pasar el tiempo criticando o señalando que si tal o cual empresa, institución o consejo no incluye a mujeres en sus puestos más altos, o que si debiera de actuar de otra manera, más incluyente y abierta. Por supuesto, actuamos desde nuestra fundación, la cual creamos en 2019 con la clara intención de disminuir la brecha de género y mejorar las condiciones de las mujeres en nuestro estado, pero al mismo tiempo, las mujeres podemos fortalecernos, salir del papel pasivo —que algunas veces tomamos— para convertirnos en protagonistas de este cambio que queremos ver y trabajar con lo que cada una puede mejorar y consolidar.

Habiendo dicho esto, no hay mes en que no reciba alguna llamada o correo invitándome a participar en algún consejo o proyecto social, tantos que a veces me dan ganas de esconderme debajo de la mesa, ¡jaja! Es estupendo ver cómo hoy en día existe un número considerable de empresarios, directivos, presidentes de cámaras y asociaciones que están deseosos de incluir a mujeres en sus equipos, de invitarlas a participar más. Faltan algunos, por supuesto, pero el número de líderes que buscan y valoran la participación de las mujeres va en aumento. Son conscientes de que con ellas pueden lograr mejores resultados y le dan importancia a su inclusión. Lo que vendría bien es invitar e incluir a las más jóvenes, las que todavía están forjando su carrera y su lugar en el mundo y no solo a las que ya demostramos y establecimos nuestro espacio público. Para que esto se dé con más rapidez es importante que las que ya tenemos ese espacio establecido apoyemos a las que lo están forjando y construyendo. Yo disfruto inmensamente hacerlo, me llena de orgullo verlas crecer, construir su espacio, su liderazgo único y particular.

Por ello me parece una buena práctica revisar lo que nosotras podemos mejorar, trabajar y superar. Y si bien ya abordé el tema de hábitos en otro capítulo, aquí quiero centrarme en aquellos adoptados específicamente por las mujeres, los que nos frenan y nos impiden llegar al puesto más alto de la empresa, a la mejor promoción o al asiento en el consejo. Me gusta llamarles hábitos, porque significa que se pueden modificar. Con trabajo y conciencia podemos sustituirlos por otros que sean más adecuados y determinantes en nuestro crecimiento.

Sally Helgesen y Marshall Goldsmith escribieron *How Women Rise*, un excelente libro, didáctico y entretenido, que nos lleva a reflexionar sobre los hábitos que detienen a una buena parte de las mujeres e impiden que desarrollemos todo nuestro potencial. Quiero compartir los que más me hicieron sentido, ¡porque los he vivido y repetido muchas veces! Y porque son los que he trabajado tratando de modificarlos, siendo consciente de que puedo actuar de otra manera.

## PRIMER HÁBITO: QUERER SER PERFECTAS

¡Cómo nos desgasta! Es una de las razones por las que muchas mujeres dejan su carrera profesional o política. Sentimos una necesidad imperativa de hacer todo bien, perfecto; en nuestras casas, en el área laboral, con la familia y en la sociedad. Ser la mejor madre, hija, pareja, compañera de trabajo y líder. ¡Qué cansado! Pareciera como si todo el tiempo debiéramos demostrar que somos capaces de manejar estos roles a la perfección. Ah, y de pasada, ¡por favor, arregladas y bonitas! ¡Ufff!

Recuerdo cuando inicié mi negocio, mis hijas eran pequeñas y me sentía mal por no organizarles fiestas infantiles tan espectaculares como un montón a las que asistíamos, que el bordado del vestido de ellas hiciera juego con el dibujo del pastel, de los bolos o bolsitas de regalo y de la decoración. ¡Yo también quería ser la mamá perfecta! ¡Pero el tiempo no me rendía para bordar vestidos! De manera equivocada, pensaba que mis hijas lo resentirían. Poco a poco aprendí que no es así. A los niños los marcan otras cosas y no el que su mamá les borde el vestido de la fiesta o les decore el pastel a juego.

Me tomó algunos años liberarme de esta exigencia —totalmente autoimpuesta— y ofrecer la fiesta que yo podía organizar. Sin culpas, orgullosa y tranquila de brindar un evento menos elaborado, pero con mucho cariño.

Algo similar me pasaba cuando recibía a mis amigas en mi casa para un café o una cenita. No tenía tan hermosos platones donde acomodar la comida, no me alcanzaba el tiempo —ni el talento— para decorarlos como lo hacía Rocío, mi amiga. Tampoco ponía flores ni nada especial. Sentía que mis reuniones eran una pálida sombra de las que ellas ofrecían. ¿Alguien me criticaba o señalaba? ¡Para nada! Yo solita me sentía culpable, incompetente o no tan buena ama de casa. Por fortuna cayeron en mis manos valiosos libros, y tuve la oportunidad de asistir a talleres y conferencias relacionados con estos temas, que con el tiempo me ayudaron enormemente.

Poco a poco fui cambiando. Hasta que un día, tranquila, les comenté a mis amigas: "¡Agradezcan que las invito! No esperen gran cosa en mi casa porque ni siquiera me gusta ir al súper". Nos reímos juntas y yo me liberé por completo de la idea errónea de tener que ser perfecta en tantas y tantas áreas de mi vida.

Indra Nooyi, expresidenta y antigua CEO de PepsiCo a nivel global, también escribe en su libro *Mi vida plena* cómo las mujeres no nos ayudamos a nosotras mismas ni a las demás al exigirnos perfección. Ella misma sentía que aunque ganaba influencia y poder en el mundo empresarial, le estaba fallando a su familia por no pasar más tiempo con ella. Hoy se arrepiente de haberse preocupado tanto por esto, de haber buscado ser perfecta en ambas áreas de su vida.

También están los juicios externos que tanto nos desgastan. "La voz de la mujer es demasiado alta o demasiado baja, o ella misma es demasiado baja o demasiado alta, o demasiado gorda o demasiado delgada, para ser una gran líder." Indra reclama, con toda razón, cómo las expectativas de la sociedad puestas sobre nosotras, mujeres con poder, buscan recordarnos que somos imperfectas.

## SEGUNDO HÁBITO: MINIMIZARNOS

Este es otro de los peores hábitos que tenemos. Nos hacemos chiquitas frente a los demás. En una junta de consejo, en una reunión de trabajo y en diversos lugares tendemos a sentir que no pertenecemos, que no merecemos estar ahí, el famoso "síndrome del impostor": trastorno psicológico en el cual las personas exitosas son incapaces de asimilar sus logros. Más adelante hablaré más sobre este tema, el cual es diferente a la baja autoestima, porque aquí lo que se siente es que una no pertenece o no merece estar en equis posición de liderazgo. Minimizamos nuestra habilidad para proyectar autoridad y poder.

Tengo presente cuando entrevisté a Mónica Flores, amiga querida y cercana, presidenta de Manpower Latinoamérica, quien me compartió que por muchos años se quedaba callada durante casi todas las juntas de consejo a las que asistía, hasta que otro directivo le dijo: "Mónica, ¿por qué no participas? Sabes más que todos los hombres sentados en esta mesa, necesitamos de tus conocimientos, tus reflexiones, sugerencias y buenas ideas". A partir de ese día se quitó la pena y comenzó a participar más, llegando a ocupar el puesto más alto en todo el continente.

¿Cuántas veces has escuchado a una mujer, o a ti misma, decir: "Me das cinco minutos para compartirte una idea"?, ¿o en una junta a una mujer que levanta la mano y dice: "Tal vez ya lo pensaron, o no sé si es tan buena idea, pero creo que podríamos hacer tal cosa o poner atención en estos datos"? Antes de compartir una idea ya nos estamos minimizando. De esta forma les decimos a nuestros interlocutores: "No me pongan tanta atención, quizá lo que diga no es tan inteligente" o "No quiero quitarte mucho de tu valioso tiempo para explicarte una idea que seguramente no es tan buena como suelen ser tus ideas". ¿Por qué me tomarían en serio o me prestarían atención si yo misma estoy dudando de mis capacidades?

Este hábito de minimizarnos puede mostrarse de manera más sutil: desde cómo y dónde nos sentamos en las juntas —reconozco que cuando empecé a asistir a reuniones de consejo, de cámaras o bancos, por lo general buscaba el lugar menos visible y rara vez participaba, me ponía tan nerviosa— hasta la manera en que usamos el lenguaje para disculparnos constantemente. "Perdón, necesito pedirte algo", "Solo necesito un minuto de tu tiempo", "Disculpa, solo tengo una observación". La gente nos lee y percibe disminuidas porque ese es el mensaje que nosotras estamos mandando. Es una manera bastante efectiva de asegurarnos de que no seremos escuchadas.

Si queremos ser escuchadas, la solución es estar totalmente presentes en donde nos encontremos. Seguras de nosotras, de nuestro propósito de vida, de nuestras ideas y nuestro trabajo, orgullosas y satisfechas por lo que hemos conseguido y lo que podemos conseguir. Donde quiera que sea debemos estar cien por ciento presentes. En estos casos también sirve rodearnos de personas porristas, que nos recuerden una y otra vez lo maravillosas que somos. Y nosotras podemos convertirnos en esas porristas para las otras mujeres.

Ante todo, ser congruentes, auténticas e íntegras —donde quiera que estemos ser siempre las mismas—, no cambiar ni ajustarnos para agradar al mundo.

Si algo he aprendido en todos estos años sobre este tema, es que lo más valioso que puedo ofrecer donde sea que participe es ser siempre la misma; poner lo mejor de mí, defender mis ideas, hablar en voz alta, sin preocuparme por la reacción de los demás o lo que se espera de mí. Lo único que cuido es presentarme tal cual soy, sin importar dónde esté.

## TERCER HÁBITO: CONSTRUIMOS RELACIONES, PERO NO LAS CAPITALIZAMOS

Seguramente te sientes orgullosa de tu capacidad de crear relaciones, ya sea con tus clientes, proveedores, compañeros de trabajo y personas que forman parte de tu equipo. Lo que quizá no hagas, como la mayoría de las mujeres, es aprovechar estas relaciones para que te ayuden a llegar a un puesto más alto, a lograr un aumento de sueldo o a acercarte más a tus metas.

Regularmente no nos sentimos cómodas con la sensación de "usar" nuestras relaciones para avanzar. Somos buenas para escuchar a los demás, para ofrecerles ayuda en el proyecto que están realizando, para darles un consejo, un empujón y hacernos presentes cuando nos necesitan. Pero capitalizar estas mismas relaciones para nuestras propias ambiciones: ¡ni soñarlo! Nos asusta pensar que puedan sentir que estamos siendo amables o que nos acercamos para después sacar provecho, y nos esforzamos para que quede claro que nuestra amistad e interés son genuinos y desinteresados.

Creemos equivocadamente que quienes sí lo hacen son egoístas, por lo que evitamos ser percibidas así. Habitualmente, cuando un hombre llega a una nueva empresa, lo primero que hace es revisar con quién le conviene relacionarse, de quién debe hacerse amigo para volver realidad sus metas o proyectos. ¡Así de sencillo! Llegan, analizan y ejecutan. Un alto porcentaje de las carreras de las personas más exitosas son una combinación de talento, esfuerzo y una buena dosis de intercambio de beneficios con las personas que los rodean, y esto es algo que los hombres por lo general hacen con mayor soltura y confianza. Es algo natural y parte de la vida laboral, lo ven y lo aplican sencillamente como "hoy por ti, mañana por mí".

Algunos tips que te pueden ayudar a conseguir aprovechar tus relaciones: debe ser siempre algo recíproco: "Yo te ayudo y tú me ayudas". Debe ser una relación que tenga el potencial de beneficiar a ambas partes, con la certeza de que se pueden crear oportunidades para las dos personas. Aunado a esto, la intención debe ser clara desde el principio. Este tipo de relaciones son diferentes a las de amistad. Los beneficios también deben ser explícitos y concisos. A diferencia de las amistades que desarrollamos con nuestros colegas, en donde las satisfacciones que nos brindan son de tipo más personal y subjetivo, como alegrías compartidas, las relaciones de apalancamiento nos deben brindar ventajas específicas y tangibles.

Aunque en un principio te puedas sentir incómoda, te invito a que le des una oportunidad a este nuevo hábito, pues aunque pueda sonar algo estratégico y frío, te garantizo que al aplicarlo obtendrás beneficios que ni te imaginas. No se trata de convertir todas tus relaciones en unas de apalancamiento, más bien de que revises quién de la gente que te rodea podría ayudarte a llegar un paso más adelante, más cerca de tus metas, y que te preguntes qué podrías hacer tú por esa misma persona.

## CUARTO HÁBITO: NOS CUESTA TRABAJO APROPIARNOS DE NUESTROS LOGROS

En el ámbito laboral a las mujeres nos cuesta reconocer cuando hicimos algo bien, cuando logramos algo importante. Por lo regular nos concentramos en hacer que las demás personas brillen, en no notarnos demasiado. Una de las posibles razones es que no nos gusta ser percibidas como soberbias o presumidas. Desde chicas nos han enseñado que debemos ser modestas y no llamar la atención, incluso no ocupar tanto espacio físico. Apropiarnos públicamente de nuestros logros implicaría ser disruptivas, y esto tampoco es algo bien visto en las mujeres.

Constantemente, con tal de evitar ser puestas en los reflectores, hablamos de los logros de otras personas, del equipo, resaltando su participación más que la nuestra. A veces lo llevamos más lejos. Cuando alguien nos hace un cumplido o nos felicita por algo que logramos, en lugar de aceptarlo y agradecer, aprovechamos para decir lo que hicimos mal, lo que nos faltó o lo que pudo haber salido mejor. ¿Qué tal si en vez de decir: "¡No fue gran cosa! Tuve mucha suerte", simplemente dices: "¡GRACIAS!"?

Por último, esto nos detiene para avanzar en nuestras carreras. Es más probable que una mujer ante una vacante disponible en la empresa responda cosas como: "Nunca he tenido este puesto, no estoy segura si mi experiencia es suficiente para hacerlo bien", mientras que un hombre buscando el mismo puesto diga: "Soy perfecto para él, porque ya he hecho X, Y y Z". Tal vez esas cosas que ha conseguido anteriormente no tengan relación con este nuevo puesto, pero su seguridad y el reconocerlo abierta y públicamente le ayudarán a convencer a quien tomará la decisión.

Aprópiate de tus logros y no te preocupes tanto de lo que dirán los demás.

## QUINTO HÁBITO: LA NECESIDAD
## DE QUE TODO EL MUNDO NOS QUIERA

¡Ufff, este sí que es fuerte! Otro hábito que reconozco presente en mí y que, a pesar de haberlo trabajado, todavía a ratos me persigue, incomoda y rige. Todos —en particular las mujeres— buscamos constantemente la aprobación y el cariño de los demás: nuestros compañeros de trabajo, familia, amigos, jefes y un largo etcétera. ¡Hacemos lo que sea con tal de ser queridas! Vivimos con un enorme temor a que la gente nos juzgue, nos considere poco generosas, dispuestas y serviciales. Por ello, aunque estemos cansadas, nos llevamos trabajo extra a nuestra casa, o nos quedamos más horas en la oficina. ¡Lo que sea con tal de ser percibidas como las más lindas, comprometidas y amables del lugar!

¿Qué nos llevó a ser así? Una combinación de múltiples factores. Los estudios muestran que es más probable que a las niñas se nos premie y aplauda —tanto en la escuela como en la casa— por ser obedientes, agradables, serviciales y lindas. Crecimos pensando que esa era nuestra naturaleza, así como el hecho de ser intuitivas o encargadas de los cuidados de otros. La realidad es que estas fortalezas las hemos ido desarrollando a lo largo de miles y miles de años de evolución, en función de lo que se ha esperado de nosotras. ¿Qué tal si revisamos estos aprendizajes que se han convertido en mandatos?

Pocas cosas nos distraen tanto y nos alargan el camino como el querer ser apreciadas y valoradas por los demás, a veces por todos. Empecemos por reconocer, una vez más, que esto es algo aprendido; que desde chicas se nos enseña a las niñas que no hay nada más importante que ser queridas; que nuestras acciones, nuestros silencios y prudencia, ceder y mostrarnos amables y afables, nos traerá más felicidad y tranquilidad, mucha más que defender lo que pensamos, o lo que queremos para nuestra vida. Primero está ser queridas, por los más posibles, después lo demás.

¿Te imaginas qué maravilloso sería educar a nuestras hijas para poner más atención a su voz interior, que desde chicas sepan que no hay nada más conveniente que ser fieles a sí mismas, a sus sueños, deseos y propósitos?

Enseñarles que con que ellas se acepten y quieran es suficiente.

Por si esto fuera poco, hoy en día se nos exige bastante más a las mamás que trabajamos: más presencia en la vida de nuestros hijos, más dedicación en todas sus actividades. Estamos ante el estilo de maternidad más intenso que el mundo jamás haya visto. Esto hace no solo agotador el día a día, sino más profundo el conflicto y las culpas que siente una gran parte de las madres que trabajan, lo cual en diversas ocasiones las lleva a renunciar a sus carreras. Caigo en la cuenta de que mi mamá jamás me acompañó a una competencia de natación —y competí por muchos años— y no me sentía mal, ni le reclamaba, porque la mayoría de mis amigos tampoco tenían a su mamá echándoles porras en las gradas. Hoy es casi impensable no acudir a todas las competencias de nuestros hijos.

Asimismo, es crucial tener conversaciones honestas con nuestras familias y compañeros de trabajo, decir de manera abierta cuando no podemos o queremos hacer algo, poniendo límites claros y respetándolos. La serenidad y la paz las encontraremos no buscando agradar a todos, ni haciendo lo que hará que todo el mundo piense que soy la persona más maravillosa con la que han trabajado, sino siendo quien realmente quiero ser y persiguiendo lo que para mí es relevante.

Hace varios años leí el libro de Sheryl Sandberg, *Vayamos adelante*, y me sentí identificada al instante e interesada con los temas que trata: las mujeres en el trabajo y en los roles de liderazgo, los diferentes retos que enfrentamos y sobre todo lo disparejo que nos evalúan en comparación con los hombres, todo ello respaldado por estudios serios, basados en investigaciones realizadas en diversos países.

En México y en todo el mundo, una y otra vez las mujeres nos frenamos a nosotras mismas, nos quedamos paralizadas, no caminamos hacia adelante y no damos lo mejor de nosotras. Diversos estudios han mostrado cómo para animarnos a solicitar un puesto de trabajo sentimos que necesitamos dominar el 100% de los conocimientos requeridos para ello. A los hombres, en cambio, con tener 60% de estos conocimientos les es suficiente para sentirse seguros y competir por el puesto. Del mismo modo nos sucede a la hora de pedir un incremento de sueldo o un mejor puesto.

Somos buenas para levantar la mano en clase, desde primaria hasta doctorado, participar, sacarnos las mejores calificaciones y dar lo mejor. Ahora bien, cuando estamos en el trabajo, en la junta de consejo, en las reuniones rodeadas de compañeros, nos quedamos más calladas, pensamos dos veces antes de levantar la mano y aportar. Eso nos hace parecer menos competentes y más limitadas.

Recuerdo como si fuera ayer cómo me la pensaba y dudaba mil veces antes de emitir una opinión, hacer un señalamiento y, más aún, contradecir. Literal, sudaba. Con el tiempo aprendí que mis opiniones podían sumar al igual que las de mis compañeros y que lo mejor para aprender es practicar, equivocarse, "meter la pata". Me fui animando, vencí mi miedo a fallar o ser juzgada y poco a poco pude ser testigo de que en realidad sucedía lo contrario; sumaba, aportaba, y el hecho de que una mujer estuviera sentada en la mesa hacía una diferencia. Parte de este cambio radica en reconocer nuestras emociones, no querer desaparecerlas —porque no se van—, y a pesar de tener miedos e inseguridades, movernos, hacer lo que tenemos que hacer, hablar de lo que tenemos que hablar y sobre todo no pensar que "calladitas nos vemos más bonitas".

Al ir venciendo estas preocupaciones e inseguridades nos vamos inclinando hacia adelante, para poder ser testigos de cómo las condiciones para todas las mujeres mejoran cuando más de nosotras ocupamos roles de liderazgo, dándoles voz fuerte y poderosa a nuestras necesidades e inquietudes. Necesitamos poder ser referente para las demás que vienen atrás, en cosas tan básicas como el vestuario, la forma de actuar, hablar y desenvolvernos, igual que otras más profundas como la seguridad, la autoestima y la preparación.

Rememoro hace unos años cuando, junto con Paola, mi hermana, tuvimos la oportunidad de dar una conferencia y tener una charla interesante con las presidentes municipales del estado de Jalisco. En 2020 tuvimos por primera vez al mismo tiempo 29 alcaldesas, el número exacto de mujeres que Jalisco había tenido en ese cargo a lo largo de toda su historia moderna. ¡Un gran logro!

Nos contaron que para apoyarse tienen un grupo de WhatsApp exclusivo, en el que comparten logros, dudas, retos, donde se respaldan, se aconsejan y van aprendiendo unas de otras. Un ejemplo de esto se dio unos días antes del Grito de Independencia; la duda más grande que varias de ellas tenían era cómo iban a ir vestidas para el festejo en el palacio municipal. Como es tradición en México, cada una daría el Grito frente a los ciudadanos de su localidad. ¡No sabían cómo vestirse porque el referente que tenían era solo de hombres! Obvio saco y corbata. Decidieron llevar vestido usando los colores de nuestra bandera, con prendas confeccionadas por manos mexicanas.

A eso hay que agregarle que las mujeres debemos probarnos considerablemente más que los hombres; demostrar que podemos ser buenas presidentes municipales, diputadas, jefas de área o líderes con grandes responsabilidades. En 2011 un informe de la consultora inglesa McKinsey & Company mostró cómo los hombres son promovidos dentro de las instituciones y empresas con base en su potencial, mientras que las mujeres somos promovidas al tomar en cuenta nuestros logros pasados, es decir, ¡hasta que lo demostramos!

Así, enfrentamos barreras externas e internas, nos reprimimos y contenemos en pequeña y gran escala. Ahora bien, estos obstáculos internos merecen atención por el hecho de estar bajo nuestro control, así como los hábitos que nos frenan, podemos modificar ambos, y si queremos, podemos empezar ahora mismo.

## ¿Qué tal si decidimos que ser mujer incluye realizarse, ser ambiciosa, perseguir nuestros sueños y forjar la vida que cada una elige?

Mi padre me educó para creer que las niñas podían hacer lo mismo que los niños. Esta fue la voz con la que yo crecí, en la que yo creí. Esto me ha ayudado a darles menos peso a las voces exteriores que cuestionan y señalan las elecciones de quienes decidimos perseguir nuestros sueños. Sheryl Sandberg incluye un ejemplo que describe esta realidad de manera clara. Imaginemos una carrera de maratón, la línea de salida, un hombre y una mujer nerviosos, listos para arrancar con el disparo. Ambos se han preparado por seis meses, alimentado, dormido y cuidado como indica su entrenador. Arranca la carrera, en los primeros kilómetros a los dos les gritan las mismas porras: "¡Vas muy bien!", "¡Felicidades!", "¡Tú puedes!" Conforme la carrera avanza, lo que escucha él son frases del tipo: "¡Que fuerte te ves!", "¡Tú sabes que puedes!", "¡Muestra de qué estás hecho!", mientras que a ella le dicen cosas como: "¿Estás segura de que quieres estar aquí?", "No tienes que demostrar nada a nadie, ya has llegado muy lejos", "¿Tus hijos están bien cuidados?"

Así sucede en la vida real y en la vida laboral. Al escucharlos con frecuencia, estos cuestionamientos pueden sembrar dudas en más de una. Los miedos cobran fuerza. Miedo a no ser querida y aceptada. Miedo a tomar la decisión equivocada. Miedo a llegar demasiado alto y ser rechazada. Miedo a ser juzgada. Miedo a equivocarnos. Y la madre de todos los miedos: el miedo a ser una mala mujer, madre, esposa e hija.

Sin estos miedos podemos llegar más alto, sobresalir en nuestras carreras profesionales, obtener éxito y sentirnos satisfechas, de ahí la importancia de no permitirles que nos frenen. Por un tiempo no vamos a dejar de sentirlos, aún así, debemos atrevernos a tomar riesgos, a romper moldes, paradigmas y arquetipos. El lenguaje y el uso que hacemos de las palabras juegan un papel importante, ya que van creando realidades. ¿Qué tal si nos nombramos diferente? ¿Si en vez de "madre que trabaja" nos referimos a nosotras como "madre amorosa con trabajo o carrera"? ¡Suena muy bien! O simplemente "madre", sin etiquetas.

Desde pequeñas las niñas reciben el mensaje de que tendrán que elegir entre ser una buena madre o ser exitosas en su trabajo. Para cuando terminan la licenciatura, ya están pensando en los costos que tendrán que pagar por perseguir sus sueños. Algunas veces, incluso sin darse cuenta, las mujeres dejan de perseguir nuevas y mejores oportunidades. Las decisiones personales no siempre son tan personales como parecen, sabemos que la presión social juega un papel importante.

¿Cuál es la pregunta más dura que le puedes hacer a una mujer? Sandberg dice que no es su edad ni su peso, sino: "¡¿Cómo le haces para hacer tantas cosas!?" Con esa mirada acusadora, la ceja levantada, que en realidad te quiere decir: "Estás haciendo todo mal, ¿verdad?" ¡Me identifiqué tanto al leer esto! Como comparto en unas páginas previas, en la mayoría de las entrevistas me preguntan por mis hijas, cuestionamiento que jamás he escuchado que le hagan a un hombre. Puedo sentir su duda sobre mi capacidad para haber llevado a buen término ambos proyectos de mi vida: ser madre y empresaria a la vez.

Por fortuna existen estudios y datos que nos pueden dar tranquilidad y ayudar a bajar las culpas, como el ambicioso estudio realizado en 1991 por el Instituto Nacional de Salud Infantil y Desarrollo Humano de Estados Unidos, el cual duró más de 15 años y se llevó a cabo con más de 1 000 niños. La investigación se centra en la relación existente entre el cuidado infantil y su desarrollo, particularmente el efecto entre cuidado exclusivo de la madre frente a aquel que se da en las guarderías o el cuidado por parte de alguien más.

En 2006 los investigadores emitieron un informe que concluía, para sorpresa de muchos, que los niños que fueron cuidados de manera exclusiva por sus madres no se desarrollaron de manera diferente que aquellos que fueron cuidados por otros. Detengámonos para leer y digerir esto: no encontraron ningún déficit en las habilidades cognitivas, ni en el lenguaje o capacidad para construir y mantener relaciones, tampoco en las habilidades sociales o en la calidad del vínculo con la madre. El peso está en la calidad de los cuidados, no en la persona que los prodiga.

Vale la pena leer dos veces una de sus conclusiones: el cuidado exclusivo por parte de la madre no tiene ninguna relación con mejores o peores resultados en el desarrollo de los niños. Si tenemos en cuenta que para una buena parte de las mujeres el manejo de las culpas es tan importante como el manejo del tiempo, favorecerá el entender que no tiene sentido que las madres que deciden trabajar sientan que están lastimando o poniendo en desventaja a sus hijos. ¡No lo estamos haciendo! Por supuesto que los niños necesitan amor, cuidados y atención, lo importante es tener en cuenta que los padres que trabajan también son capaces de darles una infancia feliz y segura a sus hijos.

Esta idea quedó reforzada en otro estudio realizado por el Consejo de Investigación Económica y Social del Reino Unido, y liderado por la investigadora Anne McMunn. La investigación, que involucró a 11 000 niños, demostró que tener dos padres que trabajan fuera de casa puede llegar a ser una ventaja para el desarrollo de los menores, en particular para las niñas, quienes mostraron menos problemas de comportamiento y un nivel de bienestar general más elevado. ¡Cómo alivia leer esto!, ¿verdad? Si no quieres que se te olvide, escríbelo en una notita y ponla en tu bolsa, esta práctica me sirve siempre.

Desde que nacieron mis nietas, mi hija mayor se fue organizando para a los pocos meses regresar a trabajar. Se apoya en una señora con experiencia que le ayuda a cuidar a sus hijas, que las atiende con toda la disciplina y horarios adecuados a sus edades, con compromiso y profesionalismo. Les hemos verbalizado desde el día uno que su mamá viene a trabajar conmigo por las mañanas, que en un rato regresamos y ellas lo viven con naturalidad. Sobre todo, hacemos hincapié en lo felices que somos por ir a trabajar, en lo mucho que disfrutamos hacerlo.

Su desarrollo va conforme a su edad, despiertas y juguetonas como cualquier niña, sin nada que nos alarme o preocupe. Influye positivamente el hecho de que mi hija no se siente culpable o mala madre por trabajar, ella tuvo una mamá igual. También tranquiliza a sus amigas, como a una compañera con quien estudió la maestría, quien se sentía mal por dejar a sus hijas chicas en casa para irse a estudiar, a quien le dijo: "Mi mamá trabajó desde que yo tengo dos años, y jamás he sentido que esto me marcara de manera negativa; por el contrario, gran parte de lo que soy es gracias a esa realidad y a su ejemplo. ¡No te agobies de más, no vale la pena!"

# 6

# El amor romántico y otras enseñanzas que nos frenan en la vida y en nuestro emprendimiento

## ¡Roles y mitos para romper!

*Para mí, tenerlo todo es tenerte a ti.*
Casi todas las mujeres

La soledad puede ser vivida por las mujeres como algo angustiante, cuando podría ser todo lo contrario. En su libro *Felicidad,* Thich Nhat Hanh describe la soledad de una manera profunda, distinta, como una práctica que puede ser enriquecedora y que nos invita a disfrutarla de otra forma. La soledad no tiene que ver con vivir sola o no convivir con los demás. La soledad que nutre viene de una mente estable, que no se deja llevar por la multitud, ni por sus tristezas del pasado o preocupaciones del futuro, ni tampoco por la excitación del presente. Se trata más de saber estar contigo en paz, en silencio y disfrutar esos momentos. Tiene que ver con no perderse en la multitud, con no dejar de vivir en *mindfulness.*

Siempre estás contigo, no te pierdes, estés donde estés, con quien sea que te encuentres, te tienes a ti.

Soledad no significa que no hay nadie a tu alrededor. Se trata más bien de establecerte firmemente en el aquí y ahora, siendo consciente de todo lo que pasa a tu alrededor, cuerpo y mente juntos, atenta al momento presente. Sin esta capacidad de estar solas, nos dice Thich, nos hacemos cada vez más pobres por dentro, no tenemos mucho que ofrecer a los demás. Aprender a vivir en soledad es fundamental. Por lo que todos los días debemos dedicar cierto tiempo a estar solas. Entonces nos podremos conectar con los demás, desde nuestra plenitud, completas. Es ver la soledad como un regalo. Me pasa que entre más la practico más la necesito y más busco y defiendo esos espacios a solas conmigo que tanto bien me hacen.

Escribo este tema mientras observo la lluvia en silencio, para compartirte cómo hoy me siento profundamente feliz, satisfecha, tranquila, en paz. Y todo eso justo es lo que quiero para ti, para todas. Siento que el corazón me brinca de emoción y agradecimiento, con una plenitud que no había sentido antes. En otra época corría todo el día para conseguir algo, demostrar que era la mejor empresaria del mundo, la mejor madre y la ciudadana más participativa y comprometida de Guadalajara. No es que me encuentre al final de mis días, revisando qué tan valiosa fue mi vida, ¡para nada! Tengo 57 años y espero que me queden muchos más por vivir y disfrutar. ¡Amo esta vida! Tal vez esto que siento en parte lo puedo atribuir a mi camino espiritual, a lo central que este ha sido en mi vida y que las horas de meditación, las clases, los libros y las enseñanzas han rendido algunos frutos. No quiero sonar a que ya alcancé algún estado de paz permanente o algo así, ¡para nada!, estoy lejísimos de ello. Este es un proceso que nunca acaba, pero que sí va teniendo avances y resultados tangibles en mi forma de actuar, sentir y de hablar, sobre todo al hablarme a mí.

De igual manera se lo atribuyo a que llevaba años corriendo y buscando demostrar lo especial y capaz que era, llena de deseos y metas; alcanzando una para ponerme otra más difícil o más alta, nunca realmente satisfecha y tranquila por lo conseguido. Por si esto fuera poco, algo que aportó a mi insatisfacción y falta de estabilidad fue que, como muchas mujeres, ¡muchísimas!, estuve confundida por años, enamorada del "amor romántico", esperando lo imposible, enredada en relaciones complicadas que no me sumaban y me quitaban la paz. He sido una romántica empedernida que no sabía estar sin pareja, sin muestras de cariño y sin sentirse querida y enamorada. Así, por mucho tiempo viví frustrada y triste porque no tenía una pareja cercana, comprometida, que le diera un lugar central a nuestra relación y, peor aún, me enamoraba de quien no me quería bien.

¡Me distrajo tanto! Cuando estás metida en una relación enferma, que duele, cuesta trabajo verla como tal, no consigues darte cuenta del daño que te hace ni de que existen otras posibilidades, y menos te imaginas que puedes estar mejor fuera de ella, que hay otras formas más sanas y constructivas de vivir el amor. Por fortuna existen las terapias psicológicas, y trabajar con un especialista profesional y hábil como Carlos, mi terapeuta, me permitió no solo salir de esa relación enfermiza, sino aprender y crecer en el proceso. Pude trabajar y superar dolores y patrones equivocados que traía desde niña, revisé las partes mías que se enganchaban con este tipo de relaciones, para no quedarme en el papel de víctima que llora y culpa al otro, sino con valentía y honestidad reconocer las partes enfermas mías que faltaba sanar.

En algún lugar leí que los dolores se transforman en sabiduría por medio de la reflexión. **Los errores construyen también quienes somos hoy.** Las cosas que valen la pena en la vida se obtienen superando las experiencias negativas. Es la colección de todas las cosas que has experimentado en tu vida, personal y profesionalmente, las que han roto tu corazón, las que te han levantado, las que te han decepcionado, las que te han movido; la suma de ellas es lo que le ha dado forma a tu ser y transformado en lo que eres hoy. Estoy convencida de que haber sufrido, llorado incontables veces, esperado y justificado a lo tonto, añorado una compañía real y cercana que no llegaba, aguantando mentiras y promesas no cumplidas, y haber trabajado por un largo tiempo en terapia estos temas, siempre con el deseo de vivir más tranquila, de superarlo, de ser mejor, me da hoy la oportunidad de valorar lo que tengo. Me permite agradecer y no dar por sentado tener una pareja presente, amorosa, apacible, segura, cercana, comprometida, que desea mi felicidad y que sus actos, no sus palabras, lo demuestran en el día a día, en pocas palabras: un amor verdadero.

Decidí incluir en este libro el tema del amor romántico y el daño que nos hace a las mujeres creer en él, principalmente por el número considerable de nosotras que lo sufrimos y por cómo nos distrae, nos roba tiempo y energía, y en múltiples ocasiones nos lleva a renunciar a nuestros sueños o carrera. Durante varios años tomé un estupendo curso titulado "Conversaciones de género", impartido por mi hermana Paola, doctora en Ciencias Sociales, especializada en temas de equidad de género y derechos humanos. En él aprendí a desmitificar y a revisar con profundidad y seriedad varios de los temas feministas que nos quitan el sueño y cómo culturalmente las mujeres aprendemos diversas ideas que nos frenan y limitan; miedos y sueños instaurados desde pequeñas que nada tienen de cierto.

Aprendí a identificar los criterios del amor sobre los que hemos construido nuestra vida y poder distinguir cuáles son del amor romántico —léase irreales, idealizados— para, al hacerlos visibles, cambiarlos por unos más realistas que me permitieran dejar de andar por la vida persiguiendo lo que no existe.

Las mujeres recibimos una educación sentimental que nos enseña que el amor de pareja debe ser nuestro centro, lo que le dé sentido a nuestra vida y, por ende, indispensable para ser felices. Al hombre no se le educa de esta manera, él debe ser independiente y triunfador. Nosotras aprendemos que se sufre por amor, que se entrega por amor y que se vale renunciar a nuestros sueños y proyectos por amor, por esa "media naranja" con quien nos fundimos y seremos dichosas. ¿Con qué tipo de ejemplos de amor y de mujeres creciste tú?

Es decisiva la forma en que hablamos de este tema (recordemos que el lenguaje configura lo que pensamos): "¡Sin ti me muero!", "Tú le das sentido a mi vida", "Solo a tu lado puedo ser feliz". Las canciones populares, algunos poemas y las telenovelas nos transmiten una y otra vez estos mensajes y refuerzan estas ideas. A mí me tomó tiempo construir relaciones de pareja sin el ideal romántico, ir desmitificando esas creencias, aprender que no son necesarios los grandes dramas, ni tanto sufrimiento para sentirnos amadas. Te invito a ser consciente de esto e ir desmontando estos mitos, para entonces sí ir poniendo las condiciones para un buen amor. ¡Créeme, es la gran diferencia!

¿Cuáles son las características de este amor romántico?

En primer lugar está la hiperidealización de la persona amada: no hay nadie como él, ni tan guapo, ni tan inteligente, ni tan encantador, por tanto, cualquier sacrificio vale la pena. Al mismo tiempo se cree que enamorarse llega de afuera, no depende de la voluntad de la persona, por lo que una vez enredada no se tiene escapatoria. Aparte de que se tiene la idea de que el amor lo puede todo. ¿Te suena conocido? Por esta razón es que somos capaces de dejarlo todo por él.

Luego viene la creencia de que el amor no tiene límites: un enamorado es capaz de hacer todo por el otro y se está absolutamente convencido de que no se necesita nada más, con el amor basta para ser feliz, por lo que una mujer puede renunciar a su carrera, profesión, amigos, etcétera. Además, como es un amor exclusivo, no se puede compartir con nadie, ni amigos, ni familia, nada. Por si esto fuera poco, el amor es incondicional: hagas lo que hagas yo te seguiré amando, porque somos media naranja y no estoy completa sin ti. Para finalizar, el que busca este tipo de amor considera que la otra mitad le va a dar todo lo que le falta y entonces aparecen las demandas irreales, incumplibles, porque nadie puede hacernos felices —más que nosotras mismas— y por supuesto es una gran carga pedirle a nuestra pareja que llene nuestros huecos y que nos haga sentir felices todo el tiempo. ¿Tú qué le pides al amor, a tu pareja?

Parte de nuestra tarea, si buscamos construir relaciones maduras y libres, es analizar con honestidad estos mitos, reconocernos en ellos, no engañarnos, dejar de lado chantajes, manipulaciones y expectativas. Principalmente cuidar nunca dejar de ser nosotras mismas, ni renunciar a nuestra esencia y valores, proyectos y sueños, eso que nos hace únicas y valiosas. En este caso no son los otros con sus juicios quienes influyen en que dejemos nuestros sueños, sino nosotras mismas, ¡enamoradas a lo menso!

Observa cómo los mitos nos hacen actuar de cierto modo, esperar cosas irreales. ¿Qué tal si los desmontamos para quitarles su poder? Para que ya no sean ellos los que nos muevan, sino que sean nuestras decisiones conscientes y personales.

Recuerda que las relaciones amorosas son una decisión.

## Vamos dejando de ordenar nuestra biografía y existencia dando al amor de pareja el papel principal.

Pasar de concederle tanto espacio, a llenar nuestra vida de lo que nos alimenta, construye, nos hace independientes y nos lleva a ser más libres, a sentirnos realizadas, con diversos intereses y pasiones propias. Cuando miro atrás me sorprendo de ver la cantidad de horas y días que desperdicié llorando, pensando, escribiendo sobre un amor sufrido; distraída, desaprovechando mi concentración, empuje, entusiasmo y enfoque. ¡Qué pérdida de tiempo!

Vamos pidiéndole menos al amor, como dice Alexandra Kohan en su libro *Y sin embargo, el amor*. Amar es entender que no todo es posible y las personas narcisistas, que no maduraron y se siguen sintiendo el centro del mundo, no podrán amar de un modo responsable. Serán incapaces de tener en cuenta la realidad del otro para decidir cosas que afectan a ambos en la pareja y para cumplir las promesas y los pactos hechos dentro del vínculo. Me pareció de lo más revelador y fuerte cómo nos dice que el antónimo de amor es el narcisismo, no el odio, como generalmente lo creemos.

## ¡DEJAR DE COMPARARNOS Y DE BUSCAR SER LA MEJOR PARA ATRAER AL SUPUESTO PRÍNCIPE AZUL!

Otro de los aprendizajes valiosos —y un tanto dolorosos— del curso que tomé con Paola tuvo que ver con cómo las mujeres vivimos inmersas en la comparación, midiéndonos de manera constante. Ya hablé de la importancia de dejar de compararnos porque todo lo que necesitamos para ser felices está dentro de nosotras. Sin embargo, este tema es relevante, por ello me atreví a profundizar en él en este capítulo también, solo desde la perspectiva de las mujeres, ya que tristemente aprendemos a competir para sobrevivir, siempre desde la escasez, mirando lo que tiene la otra y nosotras no. Por ello vemos tantas mujeres que nunca se sienten a gusto y conformes en su piel, encontrando una y otra vez algún defecto en su cuerpo, alguna carencia o aspecto que podría estar mejor. Los estándares que vemos en los medios nunca nos hacen sentir bien. ¡Nadie cumple con ellos! Incluso las modelos sufren de depresión. Piensas que cuando seas talla 2 vas a ser feliz y no lo eres, porque ahí no está tu bienestar. ¡Qué cansado y cuánto desgaste perseguir algo imposible y que al final del día no te va a hacer feliz!

Recuerdo cómo cuando pasé los 40 años y los 50 caí en cuenta de que ahora tanto a mí como a mis amigas se nos aplaude por no parecer de nuestra edad, porque no se nos note que alguna vez estuvimos embarazadas, que amamantamos; como si lo adecuado y lo celebrable sea que el paso del tiempo, las experiencias y vivencias que tuvimos no dejaron huella en nosotras. Y así vamos por la vida, cuidando nuestro aspecto físico con recelo y grandes inversiones de tiempo y de dinero, haciendo lo que sea por siempre vernos jóvenes. ¡Como si envejecer fuera un pecado mortal!

Desde niñas somos condicionadas para tener éxito en el amor, para competir entre nosotras por ser la más bella, y es triste constatar cómo esto nos afecta de manera vital, influyendo en que terminamos sin aceptarnos como somos, sin conseguir querernos bien, abrazando nuestras cualidades, pero también nuestros defectos. Hacemos dietas tremendas, nos boicoteamos, nos sometemos a cirugías innecesarias y dolorosas. Cuanto más sometidas estamos a todos estos mandatos sociales, más inseguras somos, sufriendo por una autoestima baja. Esto, si lo miramos a profundidad, es una enorme violencia contra nosotras; no nos respetamos, nos traicionamos, no nos cuidamos y somos capaces de lo que sea con tal de conseguir o retener al "príncipe azul", porque una y otra vez se nos repitió desde niñas que estar acompañadas, estar casadas, era lo más importante para nuestra felicidad.

Lo dice Glenon Doyle en su libro *Indomable*: cuando decimos "las niñas son dulces, cariñosas, maternales y los niños son rudos, sin emociones, fuertes", no estamos compartiendo verdades, estamos compartiendo creencias que se han convertido en mandatos.

A mí y a todas mis compañeras de ese curso nos cimbró profundamente revisar todo este aprendizaje. Que quede claro, no es nuestra naturaleza, *las mujeres no nacemos así*, *aprendemos a ser así*. Y juntas durante las clases, compartiendo nuestras historias, conseguimos desprogramar viejos prejuicios, de celos y de envidia, y desmitificar ideas como la de que el peor enemigo de una mujer es otra mujer. ¡No! Los peores enemigos son esos estereotipos machistas que nos calan y limitan. Entendimos que lo que toca es trabajar para que valores éticos como la solidaridad —reconocer la humanidad en el otro— y la sororidad —solidaridad específica que se da entre mujeres por encima de sus diferencias— guíen nuestras acciones, decisiones y prioridades. Juntas buscamos ser críticas, honestas, objetivas ante nuestras prácticas, tanto de belleza como en la relación entre nosotras, y cuestionar esas formas aprendidas de relacionarnos.

## ¿Qué tal si usamos menos tiempo para criticarnos y más para echarnos porras entre nosotras?

De esa manera durante el taller empezamos por reconocer la valía de las demás, nuestras diferencias, área donde todavía teníamos espacio por avanzar. Analizamos libros como el de Marta Lamas *¿Mujeres juntas...?* para descubrir que tenemos una "envidia paralizante" y reflexionamos sobre cómo los hombres suelen estar más acostumbrados que nosotras a retroalimentarse entre ellos, tanto para echarse porras como para señalar áreas de oportunidad; saben cómo otorgar valor al otro. En cambio a las mujeres, por un lado, se nos enseña a competir entre nosotras, a no valorar lo bonito y diferente que tiene la otra respecto a mí, y, por el otro, desde niñas no nos preparan para enfrentar las cosas que no nos parecen, para decir de frente aquello con lo que no estamos de acuerdo o coincidimos, escuchando más bien frases como "calladitas nos vemos más bonitas". Así terminamos aprendiendo a silenciarnos, a guardar, reprimir y aparentar. Ya lo dijo Simone de Beauvoir, filósofa y escritora francesa: "No se nace mujer, se llega a serlo". Se nos dice una y otra vez que son naturales esas características, hasta se nos valora por ellas, como si fueran virtudes: la pasividad, la obediencia, el recato, el silencio, el no confrontar, etcétera. Obviamente, con tal de pertenecer y ser queridas, un gran porcentaje las cumplimos a la perfección.

En unas vacaciones en la playa, estando con varias amigas y nuestros hijos pequeños, traía entre mis lecturas un libro sobre este tema, por lo que estaba siendo más consciente de esta realidad y pude ver con absoluta claridad cómo a los niños se les enseña a defenderse, pelearse, arreglar las cosas rápido y de frente y a las niñas todo lo contrario, por ello terminamos aprendiendo a callarnos, a guardar lo que sentimos, reprimir y aparentar. Una de mis amigas incluso le decía a su hija: "Acuérdate de que las niñas se ven más bonitas cuando no pelean, mira qué fea te ves así de agresiva". No estoy proponiendo que enseñemos a nuestros hijos a resolver todos sus conflictos a golpes, sino que eduquemos por igual a ambos sexos, que les permitamos a los niños llorar y expresar abiertamente sus emociones, y también a las niñas enseñarlas a enfrentar aquello con lo que no están de acuerdo, a decir las cosas de frente, resolver y seguir adelante.

Y entonces entendí por qué a mí me cuesta tanto trabajo dar retroalimentación directa y de frente a mis amigas, colaboradores, compañeros de consejo, quien sea. Llegamos a tenerle tanto miedo al conflicto —yo me formo al principio de la fila— que buscamos otras salidas, otras expresiones, generalmente con una agresión más pasiva, que al no ser manifiesta se convierte en algo difícil de nombrar, identificar, enfrentar y resolver.

Cuando estudié psicoanálisis aprendí una premisa que aplica a la perfección:

## Lo que no se habla se actúa.

No es que no sintamos envidia, coraje, injusticia, cansancio, ¡claro que sí! Pero aprendemos a no expresarlos abiertamente, a mejor actuarlos con todo tipo de muestras indirectas de ese sentir genuino y real.

Al no tener la costumbre de expresarlo con palabras y enfrentarlo de manera directa y clara, elegimos mejor interpretar lo que la otra persona está pensando o sintiendo, imaginamos, suponemos dramas que con bastante frecuencia no son reales, contaminando las relaciones, viviendo como amenazantes las diferencias entre nosotras y basándonos en sospechas y no en realidades. ¿Te ha pasado que al no preguntar de frente mejor deduces e inventas lo que le pasa a la otra persona? Los conflictos en vez de resolverse se acrecientan. En el curso aprendimos a hacer *prácticas de transparencia*, es decir, irnos enseñando a preguntar directamente: "¿Qué me quisieras decir? ¿Qué te molesta de mis acciones?" Así como también decir abiertamente: "¡Esto me duele! ¡Esto me tiene cansada, no me parece que a mí me toque siempre hacer el trabajo más arduo! ¡No estoy de acuerdo con esto!"

Cada una debemos comprometernos con nuestro cambio. Desarrollar una actitud nueva que permita cambiar el estado de las cosas; valorar las diferencias entre nosotras, transformar la envidia y la rivalidad en competencia sana, abierta y con reglas. Dejar de guardar silencio y de buscar agradar, animarnos a decirle de frente a una amiga cuando vemos alguna actitud o hábito que puede mejorar, por ejemplo cuando no sabe escuchar, cuando invariablemente busca ser la protagonista, cuando está juzgando de manera imparcial. Ser buena amiga es hablar con la verdad, aunque duela, ser honesta y tolerar una que otra cara larga. Ser transparente incluso en la incomodidad, en lo que puede molestar.

Este tema lo he trabajado hasta en terapia, practicando y practicando, para tolerar esas caras largas porque decidí no participar en un proyecto, consejo o inversión. Me di cuenta de que no pasa nada, no terminan esas relaciones, no pierdo tanto como imaginaba; por el contrario, gano mucho más: en congruencia, en sentirme tranquila de decir lo que pienso, lo que quiero y lo que ya no quiero hacer. He podido comprobar, con alegría, que se fortalece el vínculo con los demás cuando decides ser natural, honesta y justo dices en voz alta lo que no te parece. Esto ayuda a construir relaciones que no son frágiles, de esas donde por temor elegimos callar, pretender y esconder.

Todos estos hábitos, enseñanzas y mitos, que parecerían afectar solo a las mujeres, son en el fondo un daño para la familia y la sociedad completa. Nuestros hijos aprenden lo que ven, y qué mejor que vean a una mamá que dice las cosas de frente, que defiende sus puntos de vista, que es transparente y honesta siempre, donde quiera que esté y con quien sea que se encuentre.

Helen Mirren, actriz inglesa ganadora de los principales premios dentro del cine, en un discurso de graduación que pronunció frente a cientos de estudiantes invitó a todos, hombres y mujeres, a ser feministas. Porque en cada país del mundo, sea grande, pequeño, pobre, rico o avanzado, cuando las mujeres son merecedoras de respeto y cuentan con la libertad de perseguir sus sueños y ambiciones personales, la vida mejora para todos, no solo para ellas. Las mujeres, dijo, somos tan capaces, decididas e inspiradoras como los hombres. El feminismo no es una idea abstracta, sino una necesidad por la que todos debemos luchar si queremos avanzar en la búsqueda y construcción de un mundo mejor, más justo e incluyente.

El cambio y compromiso deben empezar desde la crianza y educación que damos a nuestras hijas e hijos, para conseguir un mundo de mujeres y hombres dichosos y honestos consigo mismos. ¡Nada como ser libres! Libres para cada una expresar abiertamente lo que sentimos, para llorar, para decir las cosas de frente, para pelear por nuestros sueños, para aclarar lo que no nos parece, para discernir y para con congruencia y autenticidad ir construyendo esa vida que deseamos tener.

## DESPRENDIMIENTOS

Te tengo una buena noticia: otra vida es posible, en el momento en que empiezas a trabajar estos temas, a visibilizarlos, a reflexionar sobre sus consecuencias en tus decisiones.

¿Quieres seguir cumpliendo con estos mandatos, costumbres y enseñanzas sobre lo que es ser mujer? ¿O quieres construir tu vida en función de lo que a ti te hace sentido que es ser mujer? ¿Te interesa ser calificada socialmente como "buena mujer" aun a costa de tu congruencia y sabiduría interna? ¿De qué te quieres desprender?

El *desprendimiento* es la condición necesaria para dar cabida a lo nuevo. Desprendernos de ciertos hábitos, tal vez maternales (porque nuestros hijos ya crecieron), de cuidados de otros, para conectarnos con nuestros propios deseos y acceder a vivir las posibilidades aún no desarrolladas. Muchas de nosotras hemos transitado a la mediana edad recorriendo esta primera mitad de la vida con códigos estrictos y socialmente definidos, códigos a menudo acatados por nosotras sin cuestionarlos o reflexionarlos. Es algo que por fortuna ya no está tan presente en las nuevas generaciones.

Una segunda o nueva vida es la que empieza cuando las mujeres tomamos posesión de nosotras mismas, y para conseguirlo requerimos necesariamente del desprendimiento de lo que ya no es pertinente. Esos desprendimientos pueden ser de ideales de pareja, como los que tenía yo, para construir vínculos con más libertad, donde no se le exige al otro que me haga feliz o me coloque en el centro de su vida.

O puede ser desprendernos de la imposición de la "eterna juventud" para legitimar el derecho a cambiar de imagen física y disfrutar de la nueva, con más arrugas, manchas, flacidez, sin verla como inadecuada, inferior o vergonzosa. No debemos sentirnos culpables por los rastros de la edad en nuestro cuerpo, porque envejecer no es un fracaso. No olvidemos que puede haber amor donde no hay belleza y que puede haber belleza donde no hay juventud.

Algo de lo que nos vendría bien desprendernos, es de la sensación de que nunca somos suficientes, de que siempre nos falta algo. He sido testigo de cómo este mal nos aqueja a las mujeres sin importar la edad, desde las de veinte hasta las de cincuenta, y cómo este consigue robarnos la felicidad, la satisfacción y hasta la paz. Por estar corriendo siempre tras algo más, algo que falta, no valoramos, agradecemos y apreciamos todo lo que sí hemos hecho.

Uno de los desprendimientos que más trabajo me ha costado es del sentimiento de que todo lo que se relacione con mis seres queridos me compete y me incumbe, y más aún ¡que debo resolverlo! Reconozco que he sido a veces una mamá sobreprotectora, que le encanta ser rescatadora, solucionadora, casi héroe, y he ido por la vida tratando de arreglar cuanto problema o dificultad enfrentan no solo mis hijas, sino también mis hermanos o personas más queridas. He tenido que hacerme a un lado para posibilitar su crecimiento, que sus fortalezas brillen, entendiendo que no estar presente y disponible siempre no significa que los quiero menos, trabajando en no tener miedo a perder estos vínculos y su cariño.

En algún momento, mientras crecía, aprendí que tenía que aprovechar cualquier hora que tuviera para hacer algo útil, como si perder el tiempo fuera el mayor pecado. No creo que esto se debiera al sermón de mis padres o al querer seguir el ejemplo de alguien, pero esta idea consiguió instaurarse dentro de mí con fuerza y regirme por casi toda mi vida. Siempre estoy haciendo algo; no veo televisión, devoro libros, escribo, preparo conferencias, organizo mi podcast, contesto correos, escucho otros podcasts (hasta cuando me baño), desarrollo alguna idea para mi negocio y mil cosas más, lo que sea. ¡No paro! Es como un mandato que me dice constantemente que debo hacer algo relevante, que no debo perder el tiempo. ¿Agotador? ¡Sí! Por ello valoro tanto este tipo de enseñanzas que me han permitido desprenderme y poner freno a esta obsesión por ser productiva. Me falta mucho para conseguirlo de manera permanente, pero sigo practicando y me aplaudo cuando lo llevo a cabo, aunque solo sea una vez a la semana, aunque sea por unos minutos.

La necesidad de ser vista como amorosa, amable, linda y comprensiva ha sido uno de los desprendimientos con el que más he tenido que trabajar, tanto en mi terapia como con mi *coach*. Siempre he querido que me vean como la mejor jefa del mundo y ese interés me ha impedido por demasiados años ser la líder directa, clara y dura que a veces requiere la empresa. No se trata de que deje de ser de esa manera, que me gusta y me siento bien, sino de que mi apego a ser vista así en diversas ocasiones ha sido una limitación. Me he sentido atrapada entre el cuidado que pongo a mi imagen y el cuidado que como líder de la empresa es mi responsabilidad tener. He aprendido que mientras esté trabajando, mi cuidado más importante debe ser la empresa y no mi imagen. Los buenos negocios exigen decisiones difíciles y ser una buena líder es aceptar que no siempre se es la más popular. Buena parte de las decisiones se debe tomar basada en datos y análisis detallados y la emoción debe quedar a un lado. Al final lo que la gente valora es que seas honesta y que le hables de frente.

Te lo vuelvo a preguntar, ¿de qué te quieres desprender, qué no te funciona ya? ¿Con qué no estás de acuerdo? ¿Qué te molesta, qué te estorba para crear la mejor versión de ti? ¿A qué le tienes tanto miedo? ¿Y si te digo que la mayoría de las veces no sucede ese peor escenario que imaginábamos? ¿Y si te insisto que vale la pena reflexionar, en cualquier etapa de tu vida, con qué te quieres quedar y con qué ya no? ¿Qué ya no aplica, que ya pasó de moda, qué funcionó solo para frenarte?

Existen diversas técnicas y prácticas que nos pueden ayudar a trabajar con el desapego. Todas ellas deben arrancar primero con *detenernos y reflexionar* sobre estos temas y sobre los cambios que quieres realizar. Después viene *ser conscientes* de ello, tener claras las desventajas y las razones para desear y buscar el cambio, ese desapego en particular. Entre más claras veas las desventajas, más motivada estarás a querer cambiar. Después viene la *práctica*: a mí la que más me funciona es meditar, porque este tipo de cambios requieren que los repitamos una y otra vez. Generalmente si estoy trabajando con algún desapego, lo trabajo al menos por un mes. Si meditar no es lo tuyo, puedes dedicar cinco minutos a estar en silencio y en contacto contigo misma, con total honestidad y transparencia y hacerte preguntas como:

¿Creo que la vida está bien y que me encuentro perfectamente? ¿Esto que me dijeron que me traería felicidad, de verdad me la genera? ¿Me doy cuenta de que estoy cansada de correr tras cosas para sentirme bien y al final no lo consigo?

También me sirven cosas sencillas como escribir tarjetitas y dejarlas en mi buró, pegadas en el espejo o hasta enmicadas para verlas una y otra vez. Por último, he aprendido que si comparto con alguien cercano lo que estoy trabajando, lo que quiero mejorar, o desapegarme, y me tomo el tiempo de explicar mis razones para hacerlo, esto hace que me comprometa de otra manera con mi trabajo personal.

## El síndrome del impostor

Como mencioné antes, se trata de un trastorno psicológico o hábito presente con frecuencia en muchas de nosotras, hasta en mujeres con carreras espectaculares, llenas de éxito y logros, que han roto paradigmas, que han sido valientes y que no se han frenado en su carrera y propósito. Es un síndrome que se presenta como pensamientos, ideas, miedos y preguntas que cuestionan el derecho a tomar el lugar que estamos ocupando, y nos llevan a sentir que no merecemos estar donde estamos, que somos una farsa o un fraude. Obviamente consiguen robarnos la satisfacción y la felicidad que deberíamos sentir, nos llevan a buscar ser invisibles, a no reclamar nuestros logros y esfuerzos.

Por ello, algunas mujeres se sienten nerviosas si son promovidas, aunque salgan evaluadas como las más capaces y eficientes para un puesto. Están convencidas de que tarde o temprano los otros se darán cuenta de que no son tan inteligentes, que no merecen esa promoción. Para compensar y sobrellevar esta incomodidad y angustia, ellas suelen tomar dos caminos: se boicotean procrastinando sus deberes (para así confirmar sus dudas) o se esfuerzan de más, trabajan duro, con un enorme temor a fallar, terminando en ocasiones consumidas en un *burnout*.

Hace unas semanas me marcó Denisse, mi amiga de las granolas, quien sigue creciendo su exitoso negocio, sorprendiéndonos gratamente a todos los que la conocemos. Su gran angustia, me explicó, es que la acababan de invitar como consejera de una empresa arrendadora y le estaban pagando por cada junta a la que asistía. El día que me marcó tenía la segunda junta, no había cobrado el cheque que le entregaron en la primera y pensaba decirles a los directivos que de momento mejor no le pagaran, que cuando ella demostrara que su presencia e ideas eran realmente útiles, entonces con gusto aceptaría el pago. ¡Le agradecí tanto que me hubiera llamado! Le solté un rollo sobre este tema como de 20 minutos; le platiqué lo común que es el síndrome del impostor aun en mujeres tan exitosas como ella, el daño que nos puede causar y de dónde suele venir. Por fortuna, al final de la llamada conseguí no solo que cobrara los cheques, sino que se sintiera súper orgullosa de sus logros y conocimientos.

Denisse sentía que la habían invitado más por la necesidad de tener mujeres dentro del consejo, para cumplir con las mejores prácticas, que por su talento y *expertise*. Este tipo de conclusiones equivocadas son las que nos repetimos una y otra vez para frenarnos, minimizarnos y no reconocer nuestros logros. No vaya a ser que luego piensen que soy una soberbia, presumida y ambiciosa. ¿Y si empezamos a presumir nuestros logros sin sentirnos mal? Vamos echándonos más porras entre nosotras, convirtámonos en las porristas más fervientes de las demás, para que cada vez veamos con más naturalidad reconocernos, brillar y recibir aplausos. Nos lo hemos ganado y lo merecemos.

En su libro *El síndrome de la impostora*, las francesas Élisabeth Cadoche y Anne de Montarlot nos explican cómo cuando algo nos sale mal las mujeres tendemos a echarnos la culpa a nosotras mismas, a causas internas, mientras que los hombres tienden a buscar causas externas, fuera de su competencia o control. Para las mujeres de ciertas generaciones (por fortuna no lo percibo tan presente en las de 20 o 30 años) que hoy tenemos 40, 50 o más años, nos cuesta mostrarnos seguras de nosotras mismas. Nos educaron y socializaron desde chicas con menos seguridad, para no ocupar un espacio grande, para ser discretas y prudentes, para no llamar la atención. La sociedad nos dice: "No te olvides de que eres mujer". Todo ello te distrae de quien realmente eres. Hacemos lo que sea con tal de pertenecer y ser aceptadas.

> ¿Qué tal si nosotras mismas definimos quiénes somos, qué queremos y qué podemos hacer? ¿Qué tal si ocupamos nuestro espacio con todo nuestro ser, cien por ciento presentes?

Y a ti, ¿qué te ha estorbado para conseguir ser la mejor versión de ti, el amor romántico, el síndrome del impostor o alguno de estos mandatos sobre cómo debemos ser las mujeres? ¿Estás dispuesta a desprenderte de todo aquello que te ha obstaculizado? Después de revisar cómo las "conductas aceptables" son diferentes para cada género, ¿vas a permitir que te sigan definiendo, que te sigan frenando?

## Libros que leímos durante el curso con Paola Lazo

1. *Cansadas* de Nuria Varela.
2. *¿Mujeres juntas...?* de Marta Lamas.
3. *Tú haz la comida, que yo cuelgo los cuadros* de Miguel Lorente.
4. *Golpéate el corazón* de Amélie Nothomb.
5. *Las negociaciones nuestras de cada día* de Clara Coria.
6. *Amor y sexualidad* de Marcela Lagarde y de los Ríos.
7. *#EllosHablan* de Lydia Cacho.

# 7

# El verdadero secreto ante la adversidad

## La compasión y la autocompasión

*La compasión es una de las más hermosas facultades del alma humana.*
SÉNECA

En los momentos difíciles de la vida —que todas tendremos y nuestro emprendimiento también— por lo general se nos habla de la capacidad de resiliencia, junto con la importancia de la autoestima y el amor propio, cuando en realidad, algo de lo que más ayuda a las personas a manejar las dificultades, a salir adelante y fortalecidas ante cualquier adversidad es la autocompasión. Sí, la capacidad de sentir compasión por uno mismo.

Uno de mis retos es hacer la paz con la imperfección, con la falta, con la incompletud y con la insatisfacción. Aprender a vivir con frustraciones porque son necesarias para poder valorar los buenos momentos. Un buen desafío es no buscar sentirme feliz siempre, abrirme a lo bueno y lo malo, abrazar lo que la vida me va presentando con más aceptación. Cada vez me doy más permiso de regarla, equivocarme y cambiar de opinión. Ya no quiero seguir cumpliendo con esa idea fija, limitada y segura de lo que como mujer debo y puedo ser. Me voy permitiendo hacer cosas que nunca hago, pensar diferente, juntarme con personas disímiles a mí, actuar distinto y no ser tan previsible y encajonada.

Todo esto tiene que ver con la autocompasión, que viene de reconocer que nuestras imperfecciones son parte inherente del ser humano. Nos permite responder a nuestros errores con entendimiento y aceptación, en vez de críticas y vergüenza. Las mujeres tendemos a ser más duras con nosotras mismas, por lo que, si entendemos y aplicamos este concepto, nos podemos beneficiar de la autocompasión. Este puede ser el antídoto contra la crueldad —sí, crueldad— con la que algunas veces nos tratamos. ¡Todas cometemos errores! Ninguna de nosotras puede cambiar lo que ya hicimos. Como dice Carlos, mi amigo colombiano: "Todos tenemos esquinas sin barrer". El secreto está en ofrecernos a nosotras el mismo tipo de amabilidad, empatía y compasión que le daríamos a un buen amigo.

La mayor parte de mi vida he sido sumamente dura conmigo —¡y ya no quiero serlo!— exigiendo en exceso, regañándome cuando me equivoco, cuando tomo malas decisiones, cuando no me cuido lo suficiente, y lo más penoso: he permitido que alguien me trate mal, cuando no me lo merezco. Difícilmente me daba chance de equivocarme, de mostrarme cansada y enfadada. Los años y la práctica de la autocompasión me han permitido ver que todos tenemos esas esquinas sin barrer, que lo que nos hace humanos es precisamente esa vulnerabilidad. He podido comprobar que lo que me permite estar cerca de una amiga que la está pasando mal, y que me busque para desahogarse, es ciertamente que ella pueda ver que la he regado cientos de veces, que no he tenido una familia perfecta ni una vida impecable, sin tachas y sin cosas que me avergüencen.

La autocompasión nos ayuda a entender que haber hecho algo malo no necesariamente nos convierte en una mala persona. Los estudios demuestran que cuando las personas tienen autocompasión se sienten más motivadas para reparar sus errores del pasado y tomar mejores decisiones en el futuro. Nos permite aceptar nuestras equivocaciones desde el reconocimiento de que tenemos la capacidad de actuar diferente, elegir nuestras respuestas y regresar al presente, en vez de lamentarnos por el pasado. **No somos nuestros errores.**

Recuerdo que en diciembre de 2020, como parte de nuestras actividades de la fundación Marisa, organizamos una visita a las mujeres en la prisión de Puente Grande. Pedimos a nuestras colaboradoras que cada una le escribiera una carta a una mujer interna, sin conocerla, con algo que tuvieran ganas de decirle, que consideraran que podía ayudarle a sentirse acompañada en esas fechas. Después, un grupo de voluntarias se las llevó junto con una rebanada de pastel que disfrutaron en compañía. El pastel, que generalmente es lo que más ilusión les da, no fue tan comentado como las cartas. Varias de ellas lloraron al leerlas, fue emotivo que percibieran que nosotras las podíamos ver con compasión, sin juicio.

Hubo una carta que fue la que más me conmovió, me pareció tan adecuada por su mensaje, que decidimos imprimirla y hacer un separador de libro y dárselo a cada una de las mujeres del penal en la siguiente visita, para que recordaran siempre estas palabras.

El mensaje decía:

Estoy contenta de que hayas recibido esta carta. Me gusta creer que este mensaje te ha elegido a ti, porque lo que te tengo que decir es lo que tu corazón necesita escuchar en este momento. Sé que la vida a veces se pone muy complicada, pero recuerda que cada día que despiertas es un regalo, una nueva oportunidad para aprender y ser mejor. No te des por vencida. Nada de lo que has hecho define quién eres y aunque no nos conocemos, sé que eres una mujer valiente, con mucho valor, digna de amor y comprensión. ¡Por favor quiérete mucho, aprende a perdonarte y cuídate! Recuerda que no estás sola.

Me sentí tan orgullosa de tener dentro de la empresa a mujeres sensibles y empáticas.

## COMPASIÓN EN TIEMPOS DE CRISIS
## (Y OTRAS PRÁCTICAS ÚTILES)

Tengo presente cómo al inicio de la pandemia de covid-19, cuando alcancé a medir el tamaño de crisis mundial que se nos venía, mi primera reacción fue de miedo. Sentada en mi escritorio me repetía una y otra vez que nunca había manejado un negocio ante una realidad tan retadora como esta y no me sentía lo suficientemente preparada para ello. Por fortuna, esta crisis me duró solo dos días. De inmediato empecé a estudiar, a leer, a entrar a *webinars* y prepararme con el objetivo de ser la mejor líder que mi empresa podía tener. En pocas semanas me di cuenta de que no hay nada que no podamos aprender y que la riqueza de información y mejores prácticas que ofrecen los medios digitales es abundante, de calidad y conveniente.

Lo que aprendimos mi equipo y yo son enseñanzas que nos servirán en el futuro, cuando se nos presente otro reto, otra pandemia o crisis. Ya no nos tomará tan desprevenidos y estoy segura de que estaremos menos asustados, contaremos con más herramientas y conocimientos que nos ayudarán a salir adelante.

Lo primero que aprendí es que:

> Cuando los tiempos son difíciles, no solamente es primordial, sino altamente efectivo conducir nuestra empresa con el corazón, con empatía y amabilidad.

Es cuando más se nos exige a las líderes y precisamente es cuando podemos mostrar que a pesar del miedo, la incertidumbre y los desafíos o, mejor dicho, justo cuando estamos en medio de todos estos sentimientos, nosotras mostramos nuestra mejor parte. Aquellas líderes que actuamos con bondad elevamos la moral de nuestro equipo, retenemos por más tiempo a nuestros empleados y conseguimos crear buena voluntad y disposición entre todos.

Preocuparnos por nuestros equipos construye confianza y en tiempos de crisis es especialmente importante que demostremos de manera intencional que de verdad nos importan. Que seamos empáticas con cada uno de ellos; algunos viven con más angustia los retos para mantener el equilibrio entre su trabajo y su vida personal, los desafíos de esta pandemia, la familia, los cuidados y el manejo de las finanzas. Recuerdo que Soraida, Sor de cariño, la nana de mis hijas que actualmente es mi gerente de Producción, mi primera empleada y de quien me siento profundamente orgullosa, con quien de la mano he crecido esta empresa, estaba muy angustiada en esas primeras semanas y yo no conseguía entender por qué le estaba costando trabajo concentrarse y ser la líder que siempre ha sido. Confieso que en un principio me llegué a incomodar porque la necesitaba en su mejor versión, poniendo todo por la continuidad de la empresa, hasta que recordé cuál era mi papel como líder y me senté a platicar con ella con calma y con empatía. Con su cara preocupada y lágrimas en los ojos, me contó de sus miedos y angustias, del nudo en la garganta que no la dejaba dormir bien, del temor por la salud de sus hijos y de sus padres y de todo lo que pasaba por la mente. Ella lo estaba viviendo de una manera muy diferente a mí. Decidimos que lo mejor era que fuera a terapia y que trabajara sus miedos y pensamientos. El cambio fue notorio, en pocos días y para el mes siguiente ya era la misma líder que siempre había sido. La lección principal fue para mí: aprender a respetar los tiempos y procesos de cada uno, a no esperar que todos reaccionen como lo hago yo y a conseguir, con cariño y cercanía, subirlos a un mismo barco con un destino común.

Estaba decidida a que esta crisis no se podía ir sin que hubiéramos aprendido algo, o mejor aún, bastante. Me interesaba que desarrolláramos habilidades, herramientas y que esto nos llevara a ser mejores líderes, mejores seres humanos. Me dediqué en los meses más duros a grabar videos y mensajes de voz para todos los miembros de la empresa, teniendo como intención principal informar, tranquilizar, dar certidumbre e invitar a todos a cambiar nuestro papel de víctimas por protagonistas.

Todos teníamos la capacidad de decidir con qué nos íbamos a quedar: aprendizajes o recuerdos tristes. Estos videos me permitieron estar presente con cada uno a pesar de todas las restricciones que me impedían visitar sucursales o estar un tiempo prolongado en el área de producción.

De las primeras cosas que hice fue invitarlos a aprovechar el encierro para prepararse, estudiar algo, aprender cosas nuevas. Les dije que México nos necesitaba más preparados y fuertes que nunca, así que lo podíamos hacer por nuestro país y lo podríamos incluso vivir como participación ciudadana, en esos momentos que por las restricciones nos veíamos limitados para participar en la escuela de nuestros hijos, colonia, orfanato u hospital.

Traté de evitar que cayeran en pensamientos fatalistas y sobre todo que pensaran en el futuro, en sus miedos e inseguridades. Los invité a reflexionar acerca de cómo querían ser recordados durante este tiempo. ¿Como personas que mejoraron las cosas o que las empeoraron? ¿Pensaron solo en ellos y su familia o se preocuparon por alguien más? ¿Ofrecieron ayuda a algún vecino? ¿Buscaron la forma de apoyar y pagar una parte a sus maestros de clases de baile o inglés, a su peluquero?

Todas las semanas leía varios de los artículos que la Universidad de Harvard publicaba de manera gratuita en un espacio que generó a raíz de la pandemia. De esta manera, poco a poco fui entendiendo mejor, me sentí más preparada, con más herramientas, y esto me dio la seguridad que necesitaba y a la vez aprendí contenidos valiosos que me servían para compartir con todos mis líderes, hacía resúmenes, buscaba ejemplos para aterrizar las ideas y así transmitirlas de la manera más pragmática y oportuna.

Otro de los aprendizajes valiosos durante esta etapa fue entender que las líderes debemos tomar decisiones responsables y duras para que sobreviva la empresa; sin embargo:

Aquellas que manejemos la crisis de forma clara, transparente y con compasión —¡sí, con compasión!— vamos a conseguir crear valor para la compañía

## y saldremos fortalecidas y unidas como equipo.

Incluso más que antes de la pandemia o la crisis que nos toque enfrentar.

Entendí que uno de mis roles era motivar a mis colaboradores y así lo hice, consiguiendo que no bajara la moral. Decidí que en cada una de nuestras llamadas virtuales del equipo de liderazgo les compartiría algo de lo que acaba de aprender, para que ellos a su vez lo aplicaran. Esto incluía temas sobre cómo debían cuidarse, la importancia de que fueran líderes empáticos, cercanos, humanos, pacientes y, por supuesto, compasivos. Les compartí enseñanzas espirituales, de compasión, paciencia, servicio, desapego y más. Les regalé libros, artículos e invité a escuchar podcasts, pláticas TED y todo tipo de videos educativos, que después discutimos.

Leyendo un artículo de McKinsey & Company que publicó en 2020, confirmé que en tiempos de crisis la gente necesita información y seguridad, pero además que, para cumplir con esta necesidad, las líderes debemos actuar con deliberada calma y optimismo. Algo que en un principio no me parecía nada sencillo, sobre todo cuando estaba en medio de la tormenta, pero, con práctica y viendo los buenos resultados, pude elegir deliberadamente practicar la calma.

Algunas veces entraba a mi oficina Carmen, gerente de Inteligencia de Negocios, con una cara que delataba su preocupación y angustia, a lo que yo le decía: "Carmen, no puedes andar por la empresa con esta cara, la gente se va a mortificar de más". Ella, con honestidad, me decía que no podía evitarlo y yo después de escucharla desahogarse le recordaba nuestro propósito como empresa y le mostraba que ella también podía elegir mantenerse en calma y optimista. No la convencí al principio, hasta que la invité a poner más atención a lo de afuera, a los datos duros, a los hechos, como el hecho de que seguíamos vendiendo pasteles, y poner menos atención a sus miedos, una parte de ellos infundados.

Aprendimos juntas que en momentos inciertos esto ayuda a las líderes a evitar sobrerreaccionar y tomar decisiones y conclusiones demasiado rápido, solo para sentirse menos incómodas. Empezamos a **normalizar el sentirnos incómodas** por un rato sin precipitarnos a la acción, así como valoramos detenernos y reflexionar antes de actuar, para poder liderar con optimismo y calma.

Por eso puedo asegurar que lo más valioso de este aprendizaje fue:

## Entender que la compasión y la aceptación de una misma y de los demás son ingredientes esenciales para estar en calma.

Si nos equivocamos —como invariablemente nos va a suceder a todas, Carmen y yo incluidas— no podemos cambiar el pasado, pero sí el futuro. Cuidarnos a nosotras mismas va mucho más allá de dormir bien, comer nutritivo, hacer ejercicio, etcétera. Se trata también de abandonar la autocrítica y el perfeccionismo —¡sí, eso es cuidarnos, porque vaya que podemos ser duras al criticarnos!— para poder conectarnos con nuestro propósito e intenciones centrales. Al practicar esto, tanto Carmen como yo comprobamos cómo se elevaba nuestra capacidad de ser empáticas con los demás.

Nos funcionó también realizar la encuesta "Tómate un respiro" entre nuestros colaboradores, con preguntas sobre sus miedos, sus dudas, lo que me quisieran preguntar a mí, así como conocer qué más podía hacer la empresa por ellos, y a la vez llevarlos a reflexionar sobre qué más podían ellos hacer por la empresa y sus compañeros. Seleccionamos las preguntas más recurrentes y las fui contestando una a una en un video que resultó muy útil.

Pasados unos meses, aún en plena pandemia, utilizando mis aprendizajes de un taller en línea que tomé con Gonzalo Zubieta, hicimos un trabajo en equipo donde juntos pensamos cuál sería el mejor y el peor escenario para la empresa en los siguientes 12 meses. Después, entre todos enlistamos las acciones que debíamos tomar, en lo individual y como compañía, para llegar al mejor escenario. En los siguientes meses nos dedicamos a trabajar solo en esas acciones, consiguiendo acercarnos cada vez más a ese mejor escenario. Al mirar atrás, reconozco que nos ayudó tener una meta común y clara para todo el equipo, junto con un grupo de acciones a realizar y pasos a seguir. Todo esto nos dio la certidumbre que desesperadamente buscamos en medio de la crisis, nos devolvió la sensación de control, dejamos de sentirnos a la deriva del maremoto que provocó el covid-19 y nuestras acciones junto con el plan común nos convirtieron en protagonistas y no en víctimas. Un aprendizaje más de una buena práctica del trabajo en equipo en época de crisis, que seguramente seguiremos utilizando en el futuro.

Si algo me quedó claro una vez más es que en época de crisis las líderes somos puestas a prueba para ver si reaccionamos éticamente, con nuestros valores y qué tan fuerte es nuestra mente y espíritu. Tu equipo necesita que tú pongas el tono sobre cómo mirar cualquier crisis, qué hacer y cómo prepararse para el futuro. Me sorprendía darme cuenta que todos me estaban mirando y como mis reacciones, gestos y palabras eran los que daban la esperanza y tranquilidad para juntos visualizar y actuar para crear ese futuro deseado.

## Y FINALMENTE, ¿POR QUÉ VALE LA PENA PRACTICAR LA AUTOCOMPASIÓN?

Simplemente porque

la capacidad de sentir compasión por una misma está asociada con una mayor felicidad y satisfacción;

generamos menos ansiedad y menos dificultades emocionales. Podemos mostrar un mejor manejo de nuestros retos —y los de nuestro equipo—, de las variables que se nos presentan en el día a día, paradas en el entendimiento de que somos seres humanos, que todas nos equivocamos, que en algún momento de nuestra vida tomamos malas decisiones y que debido a lo maleable y maravillosa que es nuestra mente podemos elegir en cualquier momento caminar hacia una mejor relación con nosotras mismas, más compasiva, más comprensiva y amorosa, por supuesto menos dura y menos crítica.

Ahora bien, para fortalecer aún más el deseo de practicar la compasión para con los demás, Sharon Salzberg, reconocida maestra y escritora budista, nos enseña que la compasión es como un músculo que fortalecemos en el gimnasio, a base de práctica va creciendo nuestra capacidad de sentirla. Tener compasión hacia los demás no tiene que ver con lo que hicieron, si fue correcto o incorrecto, si nos lastimó o no, sino con entender que lo hicieron desde un lugar de sufrimiento. Compasión es desearles que salgan de ahí, que sean libres.

# 8

# Necesitamos aprender a decir que NO

## Decir que SÍ a todo es agotador

*Decir siempre que sí a los demás significa menos tiempo para ti. Decir constantemente que sí a los demás implica decir constantemente que no a ti mismo.*

DAMON ZAHARIADES

¿Cuántas veces has dicho que sí cuando en realidad querías decir que no? ¿Y si llegas a decir que no, cuántas veces lo haces ofreciendo diversas disculpas y excusas, casi pidiendo perdón? ¡Yo, miles de veces! ¡Y es agotador!

Uno de los mayores generadores de estrés en mi vida ha sido mi incapacidad para decir que no. A pesar de haber trabajado en este tema por años —con avances, no lo niego—, a la fecha sigo sin conseguirlo al nivel que quisiera. Le he dedicado horas de *coaching*, de lectura, de práctica y hoy tengo la esperanza de que, al escribirlo y compartirlo aquí, me ayude a hacer un compromiso más público para decir que no con más frecuencia y serenidad.

¿Por qué nos cuesta tanto trabajo decir que no? ¿Será que lo hace difícil el hecho de que están involucradas cuestiones emocionales, enseñanzas que recibimos de chicas, miedos y culpas? Cuando lo revisamos con todo lo que entraña, sobre todo tomando en cuenta las razones profundas —inconscientes en la mayoría de los casos—, se puede entender por qué se convierte en un reto enorme para un alto porcentaje de nosotras.

Si queremos conseguir vivir con más libertad, tener tiempo para nosotras y dedicarle tiempo a lo que SÍ nos interesa, debemos aprender a decir que no con más frecuencia. Para conseguirlo, podemos empezar por preguntarnos: ¿qué hay detrás de mi dificultad para decir un no cuando así lo siento, pienso o deseo? ¿Por qué me cuesta tanto decirlo de manera directa, honesta, tranquila y sin excusas? ¿Será que prefiero quedar bien, ser amable y ayudar? ¿A qué se debe que sienta esa necesidad de justificarme para no sentirme mal o culpable?

Como lo explica Sarah Knight en su libro *Fuck No!* (¡Que no, chingados!, podría traducirse), nuestra dificultad para decir que no viene de algo más estructural y profundo relacionado con nuestro desarrollo y personalidad. Cómo fuimos educadas, el lugar donde crecimos o la dinámica familiar que nos tocó vivir son algunas de las cosas que nos marcan, resultando, como en mi caso, en que nos convirtamos en personas que vamos por la vida dando gusto a los demás, buscando invariablemente ser carismáticas y encantadoras, incapaces de decepcionar a nadie.

## ¿Qué tal si, puestas a elegir, en vez de decepcionarnos a nosotras, elegimos decepcionar a los demás?

También existe otro grupo de personas a quienes les cuesta trabajo decir que no, pero por distintas razones; incansables en la búsqueda de logros y éxitos nunca quieren perderse de nada, difícilmente se sienten satisfechas.

Hoy entiendo que desde niñas aprendemos a ser amables con los demás como parte de nuestro sistema de valores y crecemos queriendo que los otros nos vean como buenas personas, serviciales y generosas. Puedo voltear atrás y escuchar a mi madre diciéndome —cada que iba de visita a casa de una amiga o prima—: "Ayuda en todo, Marisa, es muy bonito ser amable, educada y servicial". Reconozco que lo hice de la misma manera con mis hijas, les repetí estos mismos sermones y educación, sin ser consciente de ello. Por ende, llega el momento en el que decir que sí se convierte en una respuesta instintiva, que surge de nuestro deseo-necesidad de aprobación de los demás. Por ello la insistencia en desarrollar nuestra autoestima, sabernos valiosas y aceptarnos en cualquier circunstancia, para requerir menos de la aprobación externa. Suena estupendo, ¿verdad? **Esto es parte de lo que significa ser libres, de subirle el volumen a nuestra voz interior y bajarlo a las voces exteriores.**

Hace varios años, un día a primera hora recibí una llamada de un empresario reconocido con el que había coincidido en un par de eventos. Después de subirme el ego, al decirme que era una magnífica empresaria, admirable por todo lo que había conseguido, un ejemplo de participación social, bla, bla, bla, me invitó a participar en el Consejo de la asociación civil que él presidía. A pesar de haber decidido no estar en más consejos, después de tantas porras no me animé a decirle que no y acepté. Luego llegó la llamada del gobernador del estado, invitándome a participar en otro proyecto, y ¡cómo le iba a decir que no a él! Al siguiente mes, después de haberme prometido —una vez más— que la próxima vez diría que no, me buscó un buen amigo para invitarme a participar en el consejo de uno de los tres bancos más grandes del país y, como era mi amigo, menos me atreví a decirle que no. ¡Así terminé en 16 consejos al mismo tiempo! No solo corría todo el día, sino que estaba furiosa conmigo por no saber decir que no, por estar involucrada en tantos proyectos y compromisos, y aunque de todos aprendía, el estrés que me causaban era mayor. Así duré varios años, hasta que el cansancio casi se convierte en un *burnout* y tuve que tomar cartas en el asunto. Me puse a trabajar con Alejandra, mi *coach*, revisé en cuáles consejos realmente sumaba y hacía una diferencia mi presencia y cuáles eran los proyectos ciudadanos que más me apasionaban; basado en esto renuncié a la mitad de ellos. Me sentí feliz, liberada, relajada y satisfecha por haberme animado a decirles que ya no participaría. Y aquellos efectos negativos que temía que se desencadenaran no sucedieron; ni dejaron de apreciarme, ni recibí caras largas.

La próxima vez que digamos que sí cuando en realidad queremos decir que no, preguntémonos: ¿por qué lo hago? ¿Soy de las que quiere hacerlo todo y llevarme el crédito por ello? ¿Deberé decir que sí a mi participación en tal o cual propuesta, o es mi ego el que me está motivando más que la causa misma? ¿Me da tiempo para hacer este trabajo o a qué tendré que renunciar para cumplir? ¿Me corresponde hacerlo, o lo hago para evitar una confrontación? Ya sea por temor a no ser querida o aceptada, obligación, orgullo, miedo a los enfrentamientos o la causa que sea, empieza primero por reconocerla; siendo consciente tendrás mayores posibilidades de resistirte a ella.

Es cuestión de práctica, como todo, para conseguir hacerlo con tranquilidad y honestidad. Lo ideal es empezar con cosas pequeñas y con personas menos cercanas, con quienes, en vez de contestar inmediatamente a una solicitud, te detienes por unos segundos a considerar qué es lo que la otra persona te está pidiendo que hagas y esto, para empezar, consigue romper con el mal hábito. Después pregúntate: ¿qué es lo que me impulsa a decir que sí a esta petición? ¿Validación, aprobación o inseguridad? Si empiezas por hacerte estas preguntas e intentas ser consciente del porqué de tus respuestas, comenzarás a notar que quizá estás involucrada en un montón de cosas que no suman en tu vida y por las razones equivocadas. ¡Te sorprenderás cuando veas la cantidad!

Decir no a la gente que cruza tus límites y te hace demandas injustas de tu tiempo y tu atención es el acto más liberador que puedes hacer para ti misma. Al hacerlo queda claro dónde estás parada, cuáles son tus límites, y serás consciente de que no tienes por qué involucrarte en una relación o en proyectos que no son lo que buscas o deseas, pero para poder descartar debes tener claro qué sí buscas.

¡El no puede ser maravilloso! Imagina poder decir que no a proyectos, reuniones, vacaciones, cenas, no solo porque tenemos otra cosa más importante que hacer, sino simple y sencillamente porque no queremos hacerlo, sin sentirnos mal o culpables por ello. Deja de ver el no como algo negativo que tiene que ver con desilusionar, lastimar a los demás, pernemos de algo divertido, y empieza a verlo como algo positivo, como una oportunidad para relajarnos, tener tiempo para estar a solas, para dormir más, terminar un trabajo, leer, lo que sea.

Mark Manson, autor estadounidense y emprendedor, escribió que la habilidad para decir un no saludable requiere cierto grado de respeto propio y de cuidado. ¿Respeto? Leer esto me movió profundamente y me llevó a decidir que, si esto tenía que ver con respetarme a mí misma, con más razón me iba a aplicar y concentrarme en hacerlo. **Decir que no a las personas o factores que no suman en nuestra vida es el primer paso para aprender a querernos y cuidarnos a nosotras mismas.** Debemos aprender a decir que no por nuestra propia salud y la salud de nuestras relaciones amorosas, con amigos, familia, colegas, clientes y un largo etcétera.

La gente exitosa sabe cómo decir que no a otros y lo hace de manera frecuente. Guarda relación con reclamar nuestro tiempo y energía, ¡nadie lo hará por ti! Decir que no tiene que ver con poner y proteger todo tipo de límites, incluso cuando técnicamente puedes decir que sí, pero no debes, o podrías, pero simplemente no quieres. Regularmente está involucrada la asertividad (habilidad de expresar nuestros deseos y necesidades de una manera franca, directa y adecuada, aunque sean opuestas o diferentes a lo que los demás quieren), que en lo personal he buscado desarrollar y fortalecer. Cuidarnos a nosotras mismas requiere asertividad, la cual demanda desarrollar autoestima y autoconfianza. Ser asertivas tiene relación con decir de frente lo que queremos de la vida e ir a conseguirlo, con hablar claramente cuando sea necesario y hacer lo que creemos que es lo mejor. Ser asertivas involucra sentirnos libres de vivir como queremos, sin sentir la necesidad de aprobación por parte de los demás. Significa decir lo que piensas, no de manera desagradable, pero sí libre de miedo a las consecuencias.

Una vez convencida —sobre todo por la parte del respeto a mí misma y de la asertividad— fui capaz una tarde de decirle a mi hija, sin pedir disculpas o sentirme mal, que no la invitaría a un viaje a la playa porque necesitaba concentrarme por varios días, sin interrupciones, en escribir y avanzar en este libro. "¿De verdad, mamá? ¡Pero si a ti te encanta jugar y estar con tus nietas! Nunca te has ido sola y la más grande goza muchísimo de meterse al mar y a la alberca contigo." Decidida, me sostuve en mi no y me fui sola. ¡Lo gocé tanto! Por fin pude avanzar y estructurar de una manera adecuada mi libro, algo que no había conseguido hacer en bastante tiempo. Un par de meses más adelante nos fuimos toda la familia a la playa y disfruté a mis nietas con toda mi atención. Mi no en el momento oportuno y por las razones correctas ya estaba dado, sin culpa, y me siento orgullosa por ello.

## Renunciar y poner límites

Otro tema que guarda una relación estrecha con decir no es poner límites y renunciar, abandonar algo o alguien cuando esto no funciona más, estorba o nos aparta de nuestra paz, tranquilidad o nuestros objetivos.

Renunciar no siempre es malo. Se nos ha educado que renunciar es dañino y son aplaudidas las personas que terminan lo que empiezan, que no renuncian nunca, las que llegan hasta el final. Se compara con ser fuertes, ser resilientes y por ello así educamos a nuestros hijos. ¿Qué tal si lo repensamos, refutamos esta idea de la resiliencia a toda costa? Porque dejar algo o parar a veces es la decisión más sabia y fuerte que podemos tomar. (Esto puede sonar a que contradice el hábito de "cumplir lo que digo" o a la fortaleza del *grit*. No necesariamente. Deteniéndonos, analizando y haciendo las cosas con más conciencia plena, *mindfulness*, podremos distinguir los momentos en los que sí debemos renunciar y hacernos a un lado.) **Renunciar a algo puede significar una gran responsabilidad con una misma.** Si algo deja de funcionar para ti, si empieza a quitarte la paz, es tu responsabilidad parar y empezar algo nuevo. La palabra *responsabilidad* viene de "responder", protegerse de una idea, de una relación, de un trabajo. De esta manera, dejar aquello se convierte en algo poderoso, dejar de verlo como algo negativo y comenzar a percibirlo como algo positivo. Así como se aplaude dejar de fumar o de beber, debemos aplaudirnos abandonar una relación tóxica o un trabajo donde no somos felices o valorados.

Suspender algo, renunciar, detenerme a pensar y cambiar de opinión son cosas buenas. Se necesita humildad para dejar algo que defendimos o hicimos por un buen tiempo, por lo que además nos ayuda a bajarle al ego —ese enemigo presente a lo largo de nuestra vida— y decir "yo pensé que podía aprender mucho en este curso, pero no es así". O "yo pensé que involucrarme en este consejo haría una diferencia, pero no fue así, hoy descubro que no es lo adecuado para mí y hasta aquí llega mi participación". Como cuando tuve que renunciar al doctorado en Psicoanálisis y dedicarme solo a los pasteles. Le había dedicado años de estudio, desveladas y un compromiso considerable a mi preparación como psicoanalista, pero después de pensarlo con calma, me di cuenta de que era más feliz haciendo y vendiendo pasteles que trabajando con pacientes, por lo que requerí una buena dosis de humildad para decir que no, hasta aquí llegué, y dejé de dar terapia.

> Nuestra responsabilidad es detenernos a reflexionar: ¿qué de lo que hago hoy realmente me llena? ¿Qué he hecho solo por dar gusto o fui condicionada para ello? ¿Me siento realmente feliz y plena en esta relación? ¿Será que me toca siempre a mí organizar las reuniones familiares o lo podrán hacer también mis hermanos?

Es por demás liberador decidir conscientemente con qué sí nos quedamos y con qué ya no, hasta dónde llego y dónde me detengo. Y entonces sí quedarme con lo que me convence, con lo que creo y me define, con lo que me apasiona, llena de energía, felicidad y paz.

## Cada una de nosotras somos responsables de nuestra felicidad.

Cuidarnos puede ser pedir un divorcio, cortar con una amistad, dejar de cuidar a los nietos todos los fines de semana, o a los padres y pedir que otros hermanos también lo hagan, o solicitar a otros que organicen el festejo en la oficina. Entender que no siempre renunciar es malo. Nadie sabe qué es lo mejor para ti, cuál es la mejor decisión, por lo mismo deberíamos de dejar de pedir opiniones a los demás y confiar en nuestra sabiduría interna. Mejor aún si lo haces sin pedir permiso, sin dar explicaciones. ¿Será egoísta pensar en mí? ¿Será egoísta buscar espacios para estar sola?

Los límites no son universales. Cosas que para ti pueden ser una transgresión, para tu hermana no lo son. Esto es algo individual, por ello no podemos, ni debemos, tratar de convencer a los demás de lo apropiado que es el límite que decidí implementar. Cada una tenemos el derecho de decidir a quién queremos tener cerca en nuestra vida, a quién queremos dejar entrar y a quién no. Esto implica, algunas veces, poner límites a los más cercanos, papás, hijos, hermanos, amigos. No se trata de tratar de convencer a los demás de lo adecuado o pertinente de mi determinación. Ni de buscar que nos aplaudan o estén felices con mi decisión; con que yo esté convencida y tranquila es suficiente.

Aquí lo importante es defenderlo, a pesar de las caras largas y los reclamos. Por ello, lo difícil, más que decirlo, es sostenernos en nuestra decisión a pesar de la molestia de los demás. Mantenernos, estar bien con el resultado, porque la gente siempre tendrá sentimientos ante nuestra decisión, nuestro reto es tolerar la incomodidad que esto provoca. Que ese condicionamiento o enorme necesidad de ser querida no me lleve a deshacer el límite con tal de conservar su cariño.

Soy responsable de poner un límite, pero no soy responsable de la reacción del otro. Lo repito, no somos responsables de la reacción del otro si decido dejar de hacer algo. Soy responsable de decirlo de frente, con claridad y con honestidad, pero no de los sentimientos del otro sobre mis decisiones y mis límites. Mi única responsabilidad es decir la verdad, compartirla, respetarla y sostenerla. Mantenerme firme como un árbol, aunque venga la tormenta, las críticas, las distancias, los silencios. ¿A quién prefieres decepcionar, a los demás o a ti misma? ¿Con quién quieres estar bien: contigo o con los demás?

# Segunda parte

# Espacio empresarial
## Mis galletas

*Si el dinero es tu esperanza de
independencia nunca lo conseguirás.
La única seguridad que una persona puede tener
en este mundo es una reserva de conocimiento,
experiencia y habilidad.*
HENRY FORD

# 9

# Las tres esferas de un negocio

## Cómo empezar, sostener y crecer

*Cada etapa de mi vida preparó el escenario*
*para la siguiente, y en cada una de ellas, todo lo*
*que tenía que hacer era decir sí y no pensar*
*demasiado en las consecuencias.*
JANE GOODALL

Lo que sucedió cuando decidí por fin poner un local comercial y estar los siete días de la semana abiertos, con mercancía fresca, horneada del día, fue básicamente el antes y el después en mi vida como emprendedora. No solo implicó un impacto tremendo en mi forma de operar el negocio, sino, por fortuna, también en mis ventas.

El local estaba en una calle muy transitada, de fácil acceso, por lo que los pedidos pronto comenzaron a crecer. Entre los cambios que no tenía previstos fue que llegó el día en que ya no cabían en mi casa más hornos, ni los costales de harina y de azúcar, por ello, el segundo local que renté fue uno bastante más grande, donde pudiera tener venta al frente y una pequeña fábrica en la parte de atrás, donde cupieran más hornos y batidoras para hornear y decorar muchos más pasteles y galletas.

¡Qué bueno que me animé a seguir creciendo! Ni mis miedos ni las dudas de los demás me detuvieron. Salirme de mi cochera y montar esta primera fábrica me permitió producir significativamente más, con una capacidad suficiente para surtir las nuevas

tiendas y no parar de crecer. Los siguientes seis años los dediqué a posicionar mi marca, abriendo más y más locales, cuidando mantener siempre la misma calidad en mis productos. Y
precisamente este ha sido casi un mantra en mi vida como pastelera y empresaria, buscando siempre dos cosas: innovar y sorprender a mis clientes. Con frecuencia me preguntan que a qué
le atribuyo el crecimiento sostenido de mi negocio; después
de reflexionarlo estoy segura de que algo fundamental ha sido
que siempre digo que sí, siempre doy el siguiente paso, aunque
tenga miedo o dudas, nada me detiene, hago lo que tengo que
hacer, me aviento y no volteo atrás.

Fue durante esa época, año 2005, cuando desarrollamos la
línea sin azúcar entre Sor y yo. Recuerdo que nos pedían con
frecuencia que elaboráramos algún pastel o galletas sin azúcar,
para el hijo, la madre o algún familiar de nuestros clientes que
tenía diabetes o que por alguna razón no podía consumir azúcar. Nos entusiasmó mucho el reto, así que nos pusimos manos
a la obra, pensando que sería algo relativamente sencillo. Para
nuestra sorpresa, suplir el azúcar por algún edulcorante es
sumamente complejo. Hicimos cientos de experimentos, y por
más que intentábamos, ninguno nos convencía. En ocasiones la
consistencia era dura, y en otros... provocaba un efecto laxante,
¿cómo lo sé? Pues porque Sor y yo nos la pasábamos enfermas.
Y otros más dejaban algún tipo de resabio amargo nada agradable. No obstante, jamás pasó por nuestra mente renunciar, decidimos que no nos daríamos por vencidas y no descansaríamos
hasta poder sacar al mercado algo que nos fascinara y que nos
sintiéramos orgullosas de ofrecer.

Nos tomó más de un año encontrar una fórmula que nos con-
venciera, después de buscar y hacer una y otra vez recetas con
todo tipo de productos sustitutos del azúcar. Recuerdo que algunos de los proveedores de empresas importantes, grandes
distribuidores de edulcorantes, me pedían que los pusiera en
contacto con mi gerente de Desarrollo, con mi químico en alimentos o con alguna persona que entendiera sobre este tipo de
desarrollos. Yo les decía que en la empresa solo estábamos Sor

y yo, cero expertas en ese tema, pero que éramos listas y, si nos explicaban con calma, entenderíamos todo. Seguro se reían a mis espaldas, pero eso me tenía sin cuidado. Estaba segura de que con el tiempo podríamos desarrollar lo que nos propusiéramos y no debíamos intimidarnos por no saberlo todo.

## Esfera 1: Diferenciación, ofrecer algo único

Por fin, un día tuvimos una fórmula ganadora para suplir el azúcar y lanzamos toda una línea *light*: gelatinas, pasteles y galletas, aptos para consumirse por personas con diabetes y personas interesadas en productos libres de azúcar. Su sabor y consistencia hicieron que pronto se hicieran muy populares y los vendiéramos en todos nuestros puntos de venta, los cuales, para ese entonces, ya sumaban nueve. Cuidamos todos los detalles. Desde un inicio los empacamos con otra imagen que mandamos desarrollar, en charolas, cajas y cajetillas de un color diferente, con un eslogan propio: "Sin azúcar, otra delicia". Esto nos dio presencia y diferenciación.

De toda esta experiencia aprendí una gran lección: siempre hay que elegir lo que implique más esfuerzo, más creatividad, más inversión y más dedicación, para conseguir por un lado una diferenciación notoria, y al mismo tiempo enviar el mensaje de que en esta empresa las cosas se hacen bien, muy bien, de manera profesional, con esmero y entusiasmo. Tengo presente cómo dudé en su momento entre desarrollar toda una línea nueva o solo colocar una etiqueta que dijera "Sin azúcar" sobre el empaque que ya usábamos. Esta última era la solución más sencilla y barata, pero no se habría visto como otra oferta de producto: diferenciada, bien pensada, atractiva y profesional. El mensaje que un empaque bien hecho transmite es que se trata de algo pensado estratégicamente, trabajado con dedicación y que el producto que contiene, por consiguiente, también lo es.

Ahora bien, una de las lecciones más importantes que he aprendido, y que he podido confirmar una y otra vez, es:

## Primero producto, luego marca.

Si el producto que tienes no es de buena calidad, no habrá recompra. Por más que tengas el empaque más hermoso y original, con la marca más atractiva y profesional, lo más importante siempre será la calidad del producto. ¡El nuestro era y es delicioso! Así que pronto esta nueva línea empezó a ganar espacio en el mercado, hasta llegar a ser una de las pocas marcas que la Asociación Jalisciense de Diabetes recomienda a sus miembros.

Y así llegó el día en que los 10 locales abiertos en diferentes zonas de la ciudad nos convertían en una empresa con éxito y potencial de crecimiento, de tal manera que la pequeña fábrica que había montado ya no me sería suficiente. Todos los espacios libres estaban saturados de materia prima, y difícilmente podíamos cerrar la cámara de refrigeración por tanta mercancía. Necesitábamos otro horno mucho más grande y no había lugar para montarlo.

Por ello me di a la tarea de empezar a buscar terrenos para construir una planta de producción más amplia, adecuada, y profesional, donde pudiera cumplir con todos nuestros requerimientos actuales y futuros. Encontré uno en un parque industrial ubicado dentro de la ciudad, el cual pude pagar en mensualidades. ¡Estaba ilusionadísima! Por fin teníamos nuestro primer terreno para, ahora sí, construir una planta de producción competitiva. Nos mudamos justo cuando ya teníamos 10 sucursales.

La planeación, acomodo y diseño de flujo lo elaboramos Sor y yo. Teníamos ya más de 10 años horneando y decorando pasteles, los cuales nos habían dado la experiencia suficiente (ventajas de crecer poco a poco) para poder decidir dónde queríamos los hornos, dónde el agua caliente, qué mesas de trabajo debían estar cerca de las cámaras de refrigeración y cuáles de las puertas de salida. Sabíamos qué piso buscar, cómo cubrir las paredes con azulejo para hacerlas lavables, de qué tamaño debía ser nuestro almacén de materia prima, cuántos metros cuadrados necesitábamos refrigerados y cuántos congelados.

Nos mudamos el 9 de abril de 2006. Fue todo un reto hacerlo en un solo día para no dejar de producir por más tiempo. Tengo presente cómo nos ayudaron de manera voluntaria y con mucho entusiasmo todos nuestros proveedores, prestándonos sus camionetas y su gente para empezar a cargar desde muy temprano. Uno de ellos llegó a mediodía con un montón de pollos rostizados y tortillas para todos nosotros, gran detalle de su parte porque, con tantas cosas en la cabeza, yo no había previsto la comida de ese día para todos.

Evidentemente me quedé sin liquidez, había invertido todos mis ahorros no solo en la construcción sino también en equipar la fábrica y fue muy satisfactorio que, sin pedírselos, varios de ellos me ofrecieron un mes más de crédito en mis facturas. Gabriel, nuestro proveedor de fruta del mercado de abasto, hasta me ofreció prestarme dinero sin intereses. Con gestos como este aprendí las ventajas de cultivar una buena relación con mis proveedores; todos ellos lo vivieron no solo como una gran celebración, sino como una excelente inversión:

## Crecía yo, crecíamos todos.

La relación que he creado con mis proveedores ha sido una parte fundamental en el crecimiento de esta empresa y también una que me ha llenado de satisfacciones. Por ejemplo, con Gustavo, nuestro proveedor de huevo. A él le compré mi primera caja grande con 360 huevos, cuando todavía horneaba en mi casa, la cual estaba segura de que se me iba a echar a perder porque pasaban los días y los días y yo no me los acababa. Esto sucedió hace casi 30 años y hoy en día le compramos más de 700 000 huevos al mes. Cuando empezó a surtirme tenía una camioneta chica, actualmente tiene un camión grande, empleados que trabajan para él y yo me siento muy orgullosa de él. Crecimos juntos y eso me llena de emoción.

El año pasado, un domingo antes del Día de las Madres, estaba dando una vuelta de revisión por nuestro almacén y me encontré con Gus descargando cajas y cajas de huevo junto con dos de sus ayudantes. Me acerqué y lo felicité por ser tan trabajador hasta en domingo. Me abrazó emocionado porque teníamos tiempo sin vernos. Me contó, con los ojos llorosos, que para él era un orgullo trabajar conmigo, que el hecho de ser nuestro proveedor desde el principio y haber crecido juntos le había permitido darles a sus dos hijas una educación de primer nivel. Ambas estudiaron en universidades privadas y una de ellas, junto con su esposo, estaban en este momento estudiando una maestría en Canadá y la otra estudiaba una especialidad en Europa. Se sentía un papá orgulloso y estaba seguro de que de no haber crecido tanto conmigo, jamás hubiera podido darles esas oportunidades a sus hijas. Nos abrazamos y por supuesto que lloré emocionada con él. Inés, mi hija, iba a mi lado, y al terminar le dije: "Por este tipo de impactos vale la pena trabajar como lo hacemos. Esto es lo que más me llena de satisfacción y orgullo".

Mejor aún cuando consigues que este tipo de valores se impregnen en tu equipo y se conviertan en cultura. Hace unos meses me buscó Tere, nuestra gerente de compras, y llorando me dijo que estaba pensando en renunciar a la empresa. Me sorprendió porque ella es de nuestras más fieles líderes y tenemos una excelente relación. Me explicó que como parte de la asesoría que estaba tomando en compras (contratamos a un experto en compras de otra empresa para ayudarnos a profesionalizar este departamento, impulsadas por el deseo de siempre buscar hacer las cosas mejor), ella tenía que trabajar con cada uno de sus proveedores y exigirles mejores condiciones de venta (las cantidades que compramos hoy en día nos permiten negociar mejor), ya sea más plazo de crédito, mejores precios o una atención y cumplimiento más profesional. Ella tuvo que hacer una exhaustiva investigación sobre los precios de la materia prima ofrecidos por otros proveedores y con esta data en mano exigir a los nuestros que redujeran sus precios. Todos pudieron, menos Gus. Sus números no le daban y reducir el margen lo ponía en aprietos. Nuestro asesor le dijo a Tere que estaban en juego muchos miles de pesos y que debía terminar la relación con este vendedor. Yo no estaba enterada de esto, pero ella así lo hizo, y en la noche, ya en su casa, se sintió tan mal que no pudo dormir y decidió hablar conmigo de inmediato. Me enorgullecí cuando me dijo que ella no podía renunciar a los valores que yo le había enseñado y que no estaba dispuesta a seguir trabajando en la empresa si estas eran nuestras nuevas políticas. Ella se sentía orgullosa de nuestro modelo de negocio y no le gustaba sentirse tan mal al llevar a cabo estas nuevas prácticas. Le agradecí tanto que me lo compartiera y, más aún, que fuera una persona que viviera de verdad nuestros valores. Le dije lo orgullosa que me sentía de ella y que por supuesto que no íbamos a terminar nuestra relación con Gus, que lo llamara de inmediato y se lo hiciera saber.

> Los negocios no se tratan de ganarle
> a todo lo más posible, en todos los
> movimientos y a costa de quien sea,
> ni de llevar una ventaja siempre.

Prefiero saber que nos va bien a todos los involucrados con esta empresa y que ésta es de beneficio para un gran número de personas. Estoy absolutamente segura de que a la larga nos va mejor cuando actuamos así, además de la satisfacción que esto nos da.

Volviendo a la planta nueva, fue una gran ventaja tener los espacios adecuados, la altura de una nave industrial con más ventilación, donde por fin me cabían todas las batidoras que necesitábamos, mesas de trabajo y otro horno grande. Ahora sí, seguimos creciendo cómodamente, con más espacio para fabricar lo doble o triple de pasteles, abriendo más y más tiendas. Dos años después adquirimos el terreno contiguo y construimos otra planta igual de grande que la anterior, dejando la primera solo como área caliente, exclusiva para horneado, y la segunda, más fresca, para la decoración de los pasteles.

Así continuamos por 10 años más, comprando los terrenos de al lado, construyendo nuevas plantas y abriendo más sucursales. Las primeras 15 sucursales fueron un gran esfuerzo personal. Yo me encargaba de prácticamente todo: revisar el diseño y la construcción de cada local, comprar, pedir o tener todo lo que se necesitaba para cada tienda nueva; desde el reloj, la coladera para el azúcar glass, plumas, cucharas, refrigerador, mandar a hacer muebles hasta comprar la cinta adhesiva para empacar cosas.

Tenía mi lista que iba palomeando conforme avanzaba. Con el tiempo, delegando, enseñando, y sobre todo soltando (más adelante viene un capítulo enfocado en este tema), otras personas dentro de la empresa se fueron involucrando y encargando de cada área del crecimiento, hasta llegar al día de hoy en el que solo me encargo —en cuanto a la expansión de locales— de elegir los puntos de venta, negociar condiciones de renta y firmar el contrato. Mes y medio después visité el lugar para encontrarme, siempre, sin excepción, un local nuestro perfectamente bien montado, con nuestra imagen cuidada y todo lo necesario para abrir y operar al día siguiente.

## ESFERA 2: CONFIAR MÁS EN TI Y HACER CASO A LA INTUICIÓN

Al igual que cuando monté mi primera fábrica junto con ese segundo local, recuerdo que nuevamente en esta ocasión que construí esta primera planta en el parque industrial varios de mis amigos y compañeros empresarios me hacían la misma pregunta que años atrás y que parece ser una de las preguntas que más importa a los empresarios: "Marisa y... ¿cuál será el retorno de tu inversión?" Y yo, por supuesto, siempre les di la misma respuesta: "¡Ni idea! Solo sé que todo el dinero salió de la venta de pasteles, no me importa en cuánto tiempo lo vaya a recuperar; de lo que sí estoy segura es de que esto me permitirá vender más y llegar a muchas más personas".

Mientras estoy escribiendo este libro acabamos de construir otra planta más de producción, la más grande y profesional que jamás hemos construido, con una capacidad de lo doble que la actual, y también la estoy pagando con los ahorros y el flujo que este negocio nos da, solo que ahora ya nadie me hace esa pregunta, ninguno duda de que funcionará, y yo sigo igual, sin hacer esos cálculos del retorno de mi inversión. ¿Qué más me da si me toma dos años o cuatro recuperarlo? ¿Para qué me pongo una fecha y una meta que solo me va a meter más presión en mi día a día? Sé que algún día lo recuperaré y sé que a mí me da más tranquilidad crecer así, que debiendo cantidades enormes al banco. No es la forma en que usualmente crecen las empresas, lo sé, pero es MI forma de hacerlo y hasta el día de hoy me ha funcionado muy bien. Desde mi punto de vista:

## Es mejor crecer poco a poco, ir aprendiendo en el camino, no desesperarse y no querer ser grandes de la noche a la mañana.

He sido testigo de muchas historias de negocios que empiezan con un gran capital —por préstamos, socios, herencias o apoyo paterno— que no consiguen sobrevivir a lo largo de los años porque crecieron demasiado rápido, hicieron inversiones equivocadas o aceleradas, tomaron decisiones sin experiencia y todo ello los llevó a cerrar.

Además, he aprendido a confiar en mi intuición, en la manera en que me gusta manejar y crecer mi negocio. No me dejo agobiar o influenciar por lo que otros piensan o por la manera tradicional de hacer las cosas. Por lo general todos tenemos las respuestas y las soluciones, pero nos falta la confianza interna para llevarlas a cabo. Nos cuesta decir abiertamente: "Esta es mi forma de hacer las cosas, en esto confío y creo, y así lo haré". Por supuesto, en ocasiones es bueno y útil preguntar y asesorarse de los expertos, ya sean amigos, conocidos u otros empresarios (yo lo he hecho cientos de veces), pero en otras es mejor seguir tu intuición. La madurez te da la capacidad de distinguir el momento para cada una.

## ESFERA 3: PACIENCIA Y PERSEVERANCIA

Esta manera de trabajar, en la que algunas veces he dedicado un par de años para sacar al mercado algún producto o alguna innovación, ha sido mi norma. La paciencia en este contexto es una gran virtud. Así como la exigencia a la excelencia y no querer ofrecer algo que no ha quedado al cien por ciento como nuestros clientes se merecen. Así como invertimos un año entero en el desarrollo de la línea sin azúcar, hasta llegar a la fórmula ganadora, lo mismo nos tomó en las paletas de Dolce Natura, hechas de helado, no de hielo. Al principio no nos quedaban ricas, ni tampoco bonitas. Invertimos más de 18 meses en ensayo y error, ensayo y error, ¡hasta que por fin un día las conseguimos!

Como seguramente ya habrás notado, soy enemiga del "ahí se va"; de las cosas a medias, de la urgencia por ganar dinero y de sacar un trabajo rápido. Por ejemplo, para sacar los macarrones a la venta nos tomó poco más de seis meses. Probamos una y otra receta, hicimos experimentos con todos los tipos de almendra, diferentes termómetros, procesos y técnicas de horneado, hasta conseguir ofrecer el mejor producto de Guadalajara, y por qué no, ¡de México!

Si quieres hacer algo, lo que sea, debes hacerlo *muy muy* bien: ofrecer lo mejor, lo más atractivo, lo más bien hecho. Conseguir la mejor ecuación de valor: que el producto que ofrezcas y el precio a pagar por ello sean la fórmula más ganadora para tus clientes. Debemos romper con esa idea errónea de que los mexicanos no podemos hacer cosas bien hechas, sofisticadas o de primer mundo. Podemos, y podemos muy bien. Somos, cuando queremos, de lo más creativos, trabajadores, dedicados y profesionales.

A la larga conviene hacer las cosas así:
con dedicación, respeto, cuidado
y profesionalismo.

¡Créeme que esta fórmula no solo es más rentable y duradera, sino que, para mí, es la única!

Hace poco tomé junto con mis hijas un excelente taller de negocios, impartido por el maestro búlgaro Cristo Popov, y entre muchas de las cosas interesantes que le aprendí es que:

Los emprendedores deben ver
en un inicio su emprendimiento como
un laboratorio, no como un negocio.

Deben dedicarse a hacer una y otra vez experimentos, hasta encontrar la fórmula ganadora. Así que ya sabes, al inicio te sugiero no hacer muchos planes estratégicos y proyecciones, mejor dedica tu tiempo a asegurarte de desarrollar y ofrecer un producto o servicio único, con ventajas competitivas y aceptado por el mercado. Ya después, más adelante, te puedes dedicar a planear tu crecimiento, inversiones y futuro.

Pero ojo, me parece fundamental ser realistas en los primeros años del negocio, con nuestros alcances y nuestras posibilidades. No desear lo que no puedes conseguir en poco tiempo, y no frustrarte por ello. No hay como tener los pies en la tierra, compararte con otras empresas, pero con realismo. Querer llegar a ser grandes, pero siempre satisfechas de cada paso que vamos dando, del momento que estamos viviendo y de los logros que vamos teniendo. Celebremos lo que sí podemos hacer, lo que sí podemos construir y lo que sí podemos invertir. Todo ello sin fomentar una ambición desmedida que nos lleve a tomar préstamos demasiado grandes, que comprometan nuestro flujo o utilidades por demasiado tiempo.

He aprendido que, al trazarnos metas, es esencial que sean alcanzables y de corto plazo, para que nos vayamos motivando y entusiasmando, que nos hagan sentir cierto control y realización. Por supuesto que hay que soñar en grande y tirarle a lo más alto, pero el éxito se conquista paso a paso, meta a meta, logro a logro. Tengo muy presente cómo siempre me aplaudía y celebraba cada galleta vendida, cada pastel decorado, cada logro, pequeño o grande, orgullosa y feliz de lo que iba construyendo y alcanzando.

Shellye Archambeau (una de las primeras mujeres de color africana en llegar a ser directora de una empresa de tecnología de las Fortune 500) en su libro *Unapologetically Ambitious* nos dice —y me recuerda que justo así fue como me funcionó a mí— que lo más importante no es solo ponernos tres metas en cada área de nuestra vida y hacer un plan estratégico para conseguirlas, sino **enfocarnos y poner toda la atención en las decisiones de cada día**. Son esas pequeñas cosas que hacemos, a las que les invertimos tiempo, las que nos van a permitir conseguir lo que nos propongamos. Fallamos no por el plan, sino porque no nos concentramos todos los días en tomar solo decisiones que sumen a nuestro sueño, a nuestra meta. El éxito se empieza a conseguir cuando aprendemos a decir que no a un montón de cosas que no apoyan a nuestro proyecto y solo decimos que SÍ a aquellas que claramente agregan valor a nuestro sueño.

## ¡Y por favor deja de pedir disculpas por ser ambiciosa!

Se vale soñar en grande, se vale mover las fichas necesarias para alcanzar lo que te propongas, planear anticipadamente, comunicar a los demás nuestros sueños y lo que haremos o dejaremos de hacer para conseguirlos. Rodéate, como lo hice yo, de personas que te ayuden a conseguirlos, de porristas, de gente a la que le alegre verte triunfar. Y tú también conviértete en porrista de otras, de otros. De mis mayores satisfacciones en la vida es saber que he sido cómplice del triunfo de varios sueños. Y nunca olvides vivir agradecida por lo que tienes y has conseguido, sentir satisfacción no solo por tus logros, sino por los logros de los demás. ¡Esa es en realidad la verdadera felicidad!

## El ego como nuestro más
## FUERTE OPONENTE

El ego será nuestro adversario a lo largo de nuestro camino: al inicio, a la mitad y al final.

Es nuestro enemigo para construir, mantener y para recuperarnos. Por ello es fundamental revisarlo, cuidar que no crezca y nos domine, para que no nos estorbe ni nos convierta en personas lejanas, soberbias y orgullosas.

¿Qué es el ego?:

- Una creencia nada sana en nuestra propia importancia.
- La necesidad de ser mejor que todos.
- La necesidad de tener más que los demás.
- La necesidad de ser reconocidas.
- Es una ambición centrada solo en nosotras.

Viene acompañado de una actitud de arrogancia. De mirar a los demás hacia abajo.

Una manera de medir nuestro ego, nuestra creencia en que somos importantes, es revisar ¿qué tanto nos cuesta aceptar que las cosas no salgan como lo planeamos, como lo esperamos o como lo deseábamos? La intolerancia es una característica primaria del ego.

Uno de los efectos negativos a tener en cuenta es que la arrogancia y el estar absortas en nosotras mismas inhiben el crecimiento. ¡Claro! ¡¿Cómo vas a crecer, si piensas que ya lo sabes todo?! Para mí este tema ha sido relevante desde que me acuerdo, porque he sentido que es algo riesgoso en mi persona. Por eso he leído sobre él, lo he trabajado en terapia y en *coaching* por años. Puedo notar con claridad cómo hay veces que ciertas cosas las hago porque me encanta compartir —como escribir este libro, grabar podcasts—, porque me emociona inspirar a otras personas a que emprendan o persigan sus sueños, pero... la verdad también porque me encantan los aplausos, las porras, la visibilidad y el reconocimiento. Mi temor es que estas cosas del ego, su fuerza y voz, superen a mi propósito mayor, a mis buenas intenciones. He aprendido que nunca va a desaparecer por completo, pero sí puedo controlar y disminuir su fuerza y puedo una y otra vez recordar sus desventajas (por ejemplo la falta de empatía), puedo elegir no poner tanta atención a sus palabras y no dejarme convencer de que soy especial, única, bla, bla, bla.

La cura para el ego, o al menos algunas de las prácticas que nos pueden ayudar a tenerlo bajo control, son la humildad, la realidad y el pensar en los demás. El desapego también funciona, es una suerte de antídoto natural contra el ego. Piensa en los otros, trata de calmar su dolor y sufrimiento. Sal de tu mente, de estar exclusivamente pensando en ti, en tus conflictos y tus deseos. Ayuda a otros. Trabaja para otros. Esta es la única manera de sentir verdadera felicidad y paz.

Para que no crezca demasiado y después no podamos controlarnos o ni siquiera nos demos cuenta de que nos domina, es esencial tener al ego bajo escrutinio constante, ser muy consciente de él. Cuando estés trabajando en algo, involucrada en algún proyecto, revisa con honestidad ¿qué es lo que realmente me motiva, qué quiero o busco? ¿Atención, fama o reconocimiento? ¿O quiero cambiar el estatus de las cosas y dejar un mundo mejor? ¿Qué es lo que quiero lograr, conseguir en esta vida? ¿De verdad necesito esto o es mi ego quien lo está buscando? Ahora, recuerda que siempre estará presente, lo importante es que no sea más grande ni más fuerte que tu propósito: que este incluya una visión más amplia y profunda de lo que es tu vida, un sentido que te lleve a comprometerte de una manera genuina y no solo motivado por tus deseos de seguridad, control o aprobación.

¿Quieres otra práctica para quitarle fuerza al ego? Quédate más callada. Sí, guarda más silencio. Escucha más a los otros, deja de presumir o de hablar solo de tus asuntos. Pregunta, interésate por lo que les pasa a los demás. Pon atención a sus caras, sus historias, sus batallas, su familia. No pienses que ya lo sabes todo, acepta que los otros siempre te pueden enseñar algo, sé humilde y vive con la actitud de ser siempre estudiante.

## La compasión amenaza al ego.

¡Aprender esto me encantó! ¡Practiquémosla! Preocuparme y querer a los otros (compañeros de trabajo, familia, amigos y hasta desconocidos que están pasando por un mal momento), buscar su felicidad tanto como la mía y hacer lo que pueda para aliviar su sufrimiento, es la mejor manera de reducir nuestro ego y nuestra intolerancia. Salirnos de nuestros pensamientos, de esa vida aburrida que solo piensa y piensa en sí misma. Esto, además de disminuir tu ego, te traerá satisfacción y plenitud. El ego estará buscando siempre lo contrario, que nunca te sientas satisfecha, que siempre quieras más, que sientas que mereces más y los deseos son interminables. De ahí lo esencial que es mirar a los demás, interesarnos por ellos y buscar tener un impacto positivo en su vida.

Que tu ego no te lleve a sentirte insatisfecho ni a desconectarte de tu corazón. No le hagas caso cuando te dice que necesitas sentirte bien todo el tiempo para ser feliz. Cuida tus motivaciones, para que estas te muevan a dar lo mejor de ti, con el propósito de dejar este mundo un poco mejor de como lo encontramos.

# 10

# Para empezar o crecer no necesitas dinero

## Necesitas ahorro, pasión y una gran administración

*No ahorres lo que te queda después de gastar,*
*gasta lo que te queda después de ahorrar.*
WARREN BUFFETT

Como ya lo platiqué, mi primera batidora era verde, de la marca Osterizer... ¡La recuerdo perfecto! No se detenía sola, así que tenía que pararla cada vez que le agregaba un ingrediente, por lo que mis primeros ahorros se fueron directo para comprar una batidora más grande. El horno que utilizaba era el de mi casa, al cual solo le cabía un pastel a la vez, y había días en que terminaba de hornear muy noche, por ello poco después compré un horno de cinco charolas que instalé en la cochera de mi casa. Llegué a tener tres hornos ahí, más refrigeradores y congeladores regados por toda la casa. Durante cinco años estuve trabajando así, desde mi hogar, invadida de aparatos, utensilios, cajas de huevos, costales de azúcar, harina, charolas, horneando solo sobre pedido y teniendo a mis clientes recogiendo sus postres en mi cochera.

¿Cómo fui comprando todo esto? ¡Ahorrando! Me parece primordial hacer hincapié en lo fundamental del hábito del ahorro, el cual a muchos mexicanos nos falta fortalecer y practicar. El primer pay que vendí era de peras con almendras, lo vendí en 100 pesos y de ahí ahorré 20 pesos, y de esa manera lo he venido haciendo todos estos años. ¡Soy súper ahorradora! Y eso me ha servido sustancialmente para construir mi empresa. ¡Claro que me gusta gastar! Ir de compras o invitar a mis hijas de viaje, pero siempre ahorro más de lo que gasto, de esta manera he podido crecer orgánicamente, sin estrés, sin socios, sin herencias, ni préstamos: solo reinvirtiendo la mayoría de mis ganancias.

## Para empezar tu negocio o para hacerlo crecer no necesitas dinero, necesitas pasión y una gran administración.

Habitualmente cuando vemos una empresa grande imaginamos que detrás de ella existen préstamos, alguna herencia o socios con un fuerte capital. En mi caso no hay ninguna de esas cosas, solo ahorro, ahorro y más ahorro. Se lo he compartido y enseñado a Denisse, a Lía, Diego, Annie y a todos los que me ha tocado ser su mentora. Me interesa que ellos también consigan crear su propio proyecto, sueño, emprendimiento, pero que lo hagan poco a poco, ahorrando, reinvirtiendo, con paciencia, perseverancia y por supuesto haciendo las cosas muy bien, mejor que los demás, innovando y, lo más importante... ¡Disfrutando!

Esta premisa aplica tanto para los emprendedores como para cualquiera. Con frecuencia me toca escuchar a personas con buenos puestos de trabajo o con un negocio próspero quejarse porque no ganan lo suficiente, o no les alcanza. Además de la falta de ahorro, está en la mayoría de nosotros el deseo de tener siempre algo mejor. ¡Nunca estamos satisfechos! Tenemos cientos de deseos que nos impiden disfrutar lo que tenemos; deseamos un mejor coche, unas vacaciones más exóticas, un celular más moderno, una casa más grande... la lista es interminable. Conseguimos cumplir ese deseo y de manera automática instalamos otro, más grande, más ambicioso.

Una vez más te pregunto: **¿qué métrica utilizas para medir tus logros?** Como lo platicamos unos capítulos antes, lo puedes hacer viendo hacia atrás y reconocer y festejar lo avanzado y conseguido, o lo puedes hacer hacia adelante, siempre viendo lo que te falta por lograr, las metas que aún no has cumplido y vivir frustrada. Si haces lo primero, podrás festejar los pasos que SÍ has dado, detenerte, gozarlos, celebrarlos, sentirte satisfecha y seguir caminando hacia adelante.

En su libro *El arte de la felicidad*, el Dalai Lama, líder espiritual ejemplar, nos explica con la sencillez que lo caracteriza que en realidad cada uno de nosotros tiene en este momento todo lo que necesita para ser feliz. Nos dice que no necesitamos tener más logros o reconocimientos, ni un mejor cuerpo, ni la pareja perfecta, así como tampoco el trabajo ideal. En este preciso instante tenemos todo para ser felices. ¡Sí, todo! Nos asegura que, si de verdad queremos estar bien, felices y satisfechos, debemos dejar de compararnos con nuestro vecino, cuñada o amigo. ¡Sufrimos porque nos estamos comparando constantemente!

La insatisfacción, creada por nuestra mente, es la causante de nuestra infelicidad. Idea que me encanta porque nos muestra una vez más cómo realmente está en nuestras manos, en cada una de nosotras, ser felices. No son las circunstancias externas, sino nuestra lectura de las cosas, nuestra mente, quien decide si algo es bueno o malo, deseable o indeseable. Este tema de la mente, su injerencia en nuestra interpretación de las cosas y nuestra capacidad de ser felices es uno de los temas que más me apasiona. Nosotras decidimos dónde poner atención, con quién compararnos, qué tanto desear, cuándo sentirnos satisfechas y qué agradecer.

¿En qué me voy a focalizar, en lo que sí tengo o en lo que no tengo? Donde pongas tu atención determinará los sentimientos que surgirán, ya sea de carencia o de abundancia. ¡Vamos poniéndola en lo que sí tenemos! Yo siempre me estoy fijando en lo bueno: de las personas, de las situaciones, de los lugares, y aunque a veces me critican por tener unos "lentes color de rosa", y me dicen que me falta malicia o que soy ingenua, no me importa porque soy feliz, y me la paso agradeciendo los amaneceres, los atardeceres, mi trabajo, tener tantos y tan buenos colaboradores, mi familia (que está muy lejos de ser perfecta), etcétera.

Te comparto una estrategia sencilla con la que puedes empezar a practicar, misma que trato de utilizar a diario. Consiste en tener una libreta en nuestro buró de noche y, todos los días antes de dormirnos, escribir tres cosas por las que estamos agradecidos. Tratar de buscar cosas nuevas, es decir, no repetir. Encontrarás que hay un sinfín de cosas por las cuales estar agradecida. Aunque hayamos tenido un día difícil, siempre existe algo que podemos agradecer, ¡siempre!, y si deliberadamente buscamos estas cosas, cada vez serán más visibles, más presentes y más fuertes en nuestra vida.

Este hábito de ver la vida de forma tan positiva fue también lo que me ayudó a emprender este gran sueño, ya que, a pesar de que vendía pasteles desde mi casa, yo ya me veía como la súper empresaria pastelera. Fue así como, después de cinco años de hornear y vender en la cochera de mi casa, una de esas tardes en que me la pasaba llevando a mis hijas a sus clases encontré un local comercial bien ubicado, pequeño pero suficiente para que me cupieran todos mis pasteles, galletas y gelatinas, con una bodeguita y su área de preparación para ponerles mermelada o cajeta a las galletas. No me la pensé dos veces, decidí rentarlo para abrir una tienda y vender mis productos. La dueña, una señora mayor, no me lo quería rentar porque los anteriores inquilinos (vendían tortas bañadas) le tenían el local sucio, maltratado y cochambroso. Le pedí que fuéramos juntas a mi casa, en ese momento, sin planeación, para que viera cómo tenía mi cocina limpia y ordenada, para que confiara en mí y en que le cuidaría y mantendría en buen estado su local. El camino me dio oportunidad de platicarle de mí, de mi familia, mis pasiones, mis postres y terminé convenciéndola, cerrando el acuerdo esa misma semana.

¡Estaba tan emocionada! Sabía que era el primer paso de un gran sueño, aunque en ese momento solo tuviera un local de 40 metros cuadrados. Le puse por nombre Marisa porque pensé que sería un solo local, jamás imaginé que algún día llegaría a tener más de 60 locales solo de la marca Marisa y que vería mi nombre por toda la ciudad de Guadalajara, y otras ciudades, impreso en miles de cajas y empaques. Recuerdo que organicé una pequeña inauguración para celebrar con amigos y mi familia, mi papá todavía vivía y fue el primero en llegar, con una sonrisa llena de orgullo.

Tener un local con venta al público, abierto siete días de la semana, y por supuesto un buen producto, hizo que mis ventas crecieran sustancialmente, por lo que siete años después de vender ese primer pay de pera, y luego de dos años de tener este primer local, finalmente renté un segundo local considerablemente más grande y monté mi primera fábrica de producción. Lo recuerdo como un paso determinante para mí, que implicó invertir todo el dinero que tenía ahorrado y un compromiso mayor. De esa manera dejaba de ser una señora que hacía pasteles ricos en su casa para convertirme en una empresaria. ¡De verdad así me sentía!

Entusiasmada y con mucha ilusión construí esa primera planta de producción, invirtiendo todos los ahorros que tenía hasta ese momento. De manera intuitiva sabía que pronto me redituarían en mucho más, que esto me permitiría crecer, abrir más locales y producir un montón de pasteles.

Mi experiencia me ha mostrado que reinvertir el dinero que gano en el mismo negocio me ha funcionado; por un lado, me ha forzado a ser más ahorradora y me ha evitado la preocupación por pagos e intereses bancarios. De igual manera me ha marcado una pauta de crecimiento en función del mismo flujo, nunca demasiado rápido o atrabancado. Sé que no es la manera de pensar y operar de la mayoría de los empresarios, pero a mí me ha permitido crecer sin grandes agobios. Por ello creo en la importancia de confiar en nuestra intuición, hacer las cosas como creemos que es lo correcto, aunque todos lo hagan de otra forma, porque tenemos mucha más sabiduría interna de lo que solemos reconocer.

## Otra de las ventajas de crecer poco a poco es que te da tiempo suficiente para aprender.

Todos los negocios y emprendimientos tienen problemas, ¡créemelo! Ahora bien, cuando estos son pequeños, los retos y dificultades también lo son, al igual que nuestra capacidad de liderazgo o administración. Reconozco que los primeros años surgían problemas de todo tipo, pero siempre de un tamaño que yo sentía manejable, que con mi limitada capacidad de empresaria (¡más psicóloga que mujer de negocios!) los podía resolver. Con el paso de los años el negocio ha crecido significativamente y de la mano también han crecido los retos y problemas, pero, al mismo tiempo, ha crecido mi capacidad de liderazgo, la de mi equipo y nuestra destreza para resolver los conflictos. Los imprevistos, los sustos, todo lo que ha ido surgiendo a lo largo de estos casi 30 años lo hemos podido resolver a tiempo, sin jamás poner en riesgo la continuidad de la empresa. El tiempo y los errores —¡de todos los tamaños!— nos han dado la oportunidad de adquirir las competencias necesarias para convertir a pastelerías Marisa en lo que es hoy.

Algo que hemos aprendido en el equipo para salir de las crisis —pequeñas o grandes— es enfrentarlas lo más pronto posible y juntos, en vez de darles largas y esperar que desaparezcan con el tiempo. Por muchos años los problemas y los retos los enfrentaba sola, sentía que era mi obligación: un grave error. Por supuesto que no sabía todas las respuestas ni tenía siempre las mejores soluciones. Hoy pregunto más, recopilo información con la mayor evidencia posible. Después busco comunicar de manera clara y concisa la situación que estamos atravesando, a la vez trato de tener conocimiento y data de lo que están atravesando las demás empresas de nuestro gremio o nuestro país, es decir, busco contextualizar nuestra crisis para tener principio de realidad. Reflexionamos sobre el peor escenario (que generalmente no es tan malo como imaginamos en un principio) y el mejor, así como las acciones puntuales que debemos hacer como empresa y en lo individual para enfrentar esta situación. Asignamos responsables, fechas para concluir trabajos, y si es necesario contratamos a expertos en el tema, externos a la compañía, asesores con una mirada fresca y diferente que por lo regular llegan a sumar y a ser de gran ayuda. No siempre conseguimos sobrepasar la crisis tan rápido como yo quisiera, pero este proceso me deja tranquila por ser uno más riguroso y que involucra a todo el equipo.

## El tiempo, nuestro gran reto al emprender y crecer un negocio

Organizar nuestro tiempo es uno de los retos principales que enfrentamos como emprendedoras y como líderes. Defiendo la importancia de ser conscientes sobre en qué invertimos nuestras horas y de buscar llevar una vida con equilibrio, principalmente por el impacto directo que tiene en nuestra salud física y mental. Además del trabajo, debemos darnos tiempo para estar con la familia y con los amigos, divertirnos, leer, aprender, meditar o al menos detenernos y reflexionar, hacer ejercicio, gozar nuestros hobbies, ratos de ocio, de quedarnos a solas y de descanso. En 2019 las universidades de California y de Pensilvania realizaron un estudio sobre la relación entre el tiempo libre y la satisfacción con la vida. La investigación —que recabó datos de más de 35 000 participantes— demostró que tener muy poco tiempo libre está vinculado con niveles más bajos de satisfacción general. Por otro lado, los resultados mostraron que tener demasiado tiempo libre no se traduce en una mayor satisfacción, al contrario, también puede resultar contraproducente. ¿Entonces qué funciona? ¡El equilibrio! Por lo tanto, es importante prestar atención a lo que hacemos en nuestro tiempo de ocio y buscar planificarlo conscientemente al igual que otras actividades.

Detenernos y cuestionarnos si queremos vivir así el resto de nuestros días, ¿será que quiero correr de un lado al otro sin parar un segundo? ¿Será que esto es sinónimo de éxito? Parece que no. Una investigación de la Universidad de Yale concluyó que vivir con estrés, sintiendo constantemente "hambre de tiempo" es igual de dañino que estar desempleado, la cual es una de las situaciones de vida que más efectos negativos tiene en nosotros. De modo que es tan malo estar sin trabajo, como correr todo el día sintiendo que no nos alcanza el tiempo. Impactante, ¿no?

Quisiera abordar este tema desde una perspectiva diferente. No quiero dar recomendaciones sobre cómo manejar nuestra agenda, ni hablaré de las aplicaciones electrónicas prácticas que están disponibles en la red. Lo que me interesa es que nos detengamos a aprender y reflexionar sobre otras formas de manejar nuestro tiempo, de estar en el mundo.

Ante este acelere en que vivimos es fascinante ver cómo han surgido ideólogos, escritores, filósofos, maestros espirituales y científicos que *defienden el hacer menos*, dormir siestas, comer con calma, caminar y disfrutar la vida sin hacer nada a ratos, ¡sí, nada! Uno de ellos es el periodista y escritor canadiense Carl Honoré, autor del bestseller *Elogio de la lentitud* y teórico del *Slow Movement* (movimiento lento). A lo largo de más de 15 años Carl se ha dedicado a promover los incontables beneficios de bajar el ritmo en nuestra vida.

En una entrevista que dio en el contexto de la cuarentena por covid-19 dijo: "El lado luminoso de la experiencia tenebrosa de la pandemia es redescubrir el placer de estar con otros, encontrar el tiempo justo para dedicar a cada actividad en cada momento. La cultura de la prisa, a la que estábamos acostumbrados, nos convierte en máquinas de hacer cosas y nos desconecta de nosotros mismos y de los demás. Creo que cuando termine la emergencia sanitaria vamos a querer preservar algunos hábitos nuevos que adquirimos con la lentitud forzada por la cuarentena".

Sorprendentemente, las investigaciones de quienes promueven el hacer menos han demostrado que las personas son más creativas y productivas cuando trabajan menos horas. Lo mismo ocurre cuando dedican tiempo en su día a no hacer nada, a contemplar, a perderse caminando y disfrutar de las cosas más simples. Confieso que sigo trabajando arduamente en esto, todavía no lo consigo por completo, pero tengo días en que sí; días que no corro, que leo por varias horas, que escribo, o que me quedo contemplando por la ventana, repensando algunas ideas aprendidas en el último libro que leí o caminando tranquilamente por el camellón arbolado que está a tres cuadras de mi casa. Cuando más tiempo paso sin hacer nada o tranquila, más imaginativa puedo ser, encuentro mejores ideas para solucionar los retos que estoy enfrentando, en definitiva trabajo mejor después.

Tom Hodgkinson nos dice en su libro *Cómo ser libre* que si queremos ser más felices y tener mejores relaciones, debemos hacer menos cosas en el día. ¡Muchas menos! También nos enseña a celebrar el fino arte de no hacer nada. Este es un verdadero antídoto contra nuestra cultura obsesionada con el trabajo. A su vez, nos recomienda dedicar tiempo a las conversaciones largas, dejar de lado los celulares, los relojes y vivir en el momento. ¿Has practicado dejar el celular en otro cuarto? ¿Cuándo fue la última vez que estuviste con alguien platicando por horas sin mirar a la pantalla?

¿Qué tal si decidimos dedicar ciertas horas de la semana a estar desocupadas y sentir el efecto positivo que tendrá en nuestra salud física y mental? ¿Podremos llegar a sentir que no somos una persona holgazana por tener ciertas horas libres? No hay que olvidar que se trata de una pelea con nuestro ego, con la necesidad de demostrar que somos importantes, que tenemos mucho trabajo, aunado al fuerte deseo y la presión de querer siempre ganar más dinero. ¡Ahí no se encuentra nuestra felicidad!

Por lo tanto, aunque implique un gran esfuerzo, altos niveles de conciencia y atención, vale la pena empezar a practicar en nuestro día a día el no hacer nada a ratos, regocijarnos por estar desocupados, incluso ¡presumirlo!

No hacer nada es un privilegio y justo es eso lo que me motiva a practicarlo más y más, y aunque tenga semanas que no me di ni un momento de no hacer nada, lo trato de retomar al siguiente lunes porque ya palpé sus recompensas y no las quiero dejar ir.

# 11

# Cómo construir un gran equipo: Soltar el control, delegar y confiar

## La voz cantante era la mía

*No tiene sentido contratar gente inteligente y decirle qué hacer. Contratamos a personas inteligentes para que nos digan qué tenemos que hacer.*
STEVE JOBS

Al igual que la mayoría de los emprendedores, por muchos años cometí el error de tomar todas las decisiones del negocio. Solo daba órdenes. Decía qué se tenía que hacer, cómo, dónde y cuándo creceríamos. Yo decidía qué pasteles lanzaríamos al mercado, dónde abriríamos nuevas sucursales, en qué tipo de maquinaría invertiríamos, hasta qué publicidad manejaríamos. No tenía ningún sistema para promover la participación de los demás en la toma de decisiones. Todo lo decidía yo.

No solía preguntar, ni escuchar a las personas a quienes les había dado más responsabilidades, a pesar de que sabía que tenían bastante experiencia en su área. La voz cantante era la mía.

Hasta que hace algunos años, un cierto día Miguel, el gerente de Logística, me sugirió rentar un par de camiones grandes refrigerados para el Día de las Madres (nuestro mejor día del año), con el objetivo de llenarlos de pasteles y gelatinas en la planta de producción una noche anterior. De esta forma podríamos mandarlos temprano al estacionamiento de una de nuestras sucursales del sur de la ciudad, que se encuentra alejada de nuestra planta, y así nuestras camionetas de reparto, que surten los locales de esa zona, no tendrían que ir hasta donde se hace el producto, sino que se surtirían directamente de ese tráiler y podrían llegar con más rapidez a las diversas sucursales. ¡No lo podía creer! ¡Qué idea más buena! ¿Cómo no se me había ocurrido antes? En vez de tener 25 camionetas de reparto —que teníamos en ese entonces— surtiendo en un mismo punto, por una sola puerta de ingreso, ahora una buena parte de dichas camionetas no tendría que dar una vuelta tan larga cada que quisiera surtir las sucursales de su ruta.

Nuestro producto es perecedero, con una vida de anaquel muy corta, por lo que la logística en los días fuertes de venta es el reto más complejo que tenemos que enfrentar. Tratamos de surtir todas las sucursales, distribuidas por la ciudad, varias veces al día. Nuestro mayor desafío se resolvió con esta excelente idea de Miguel. Fue así como pudimos surtir con más eficacia que en años anteriores. Nuestra clientela estaba contenta por encontrar sucursales bien surtidas y las ventas aumentaron. Y no paró ahí, al siguiente año tuvo otra estupenda idea: rentar varias camionetas de tres toneladas refrigeradas, surtirlas igual un día antes y estacionarlas fuera de nuestras mejores sucursales, para que, al terminarse el producto dentro de la tienda, el chofer simplemente bajara mercancía de su camioneta y volviera a llenar la sucursal. Jamás habríamos alcanzado esta eficiencia y estos resultados de no haber sido por Miguel, al darle la autoridad que se merecía y haber escuchado sus propuestas.

## ¿De cuántas maravillosas propuestas me habré perdido cuando no solía escuchar a mi equipo?

Y cuando escuchas a uno, detrás viene el otro. Las grandes ideas se contagian, así que otra estupenda idea surgió de Flor, gerente también de Logística. El 6 de julio de 2021 teníamos elecciones intermedias en el país, en las cuales la participación ciudadana suele ser menor, así que para fomentar el voto y sumar —uno de nuestros valores— regalamos muffins de chocolate a las primeras 30 personas que se presentaran mostrando que venían de votar. Promoción que pusimos en cada una de nuestras sucursales, con la simple intención de motivar al voto. ¿Resultado? Desde un día antes muchas personas, blogueros especializados en comida, ofertas o recomendaciones, empezaron a repostear el post donde invitábamos a pasar temprano por su muffin. Y el mero día de la votación nuestras redes se llenaron de historias con las personas felices recogiendo o comiendo su muffin y agradeciéndonos por la iniciativa. ¡Sorprendente lo que con buenas ideas, buenas intenciones y poca inversión se puede conseguir!

## La escucha activa

Con iniciativas como las de Miguel y Flor aprendí que las mejores ideas podían surgir de nuestra gente y equipo más cercano, de nuestros colaboradores, de todos aquellos que están en el día a día en la calle repartiendo, en las tiendas atendiendo, o en la planta fabricando. A raíz de esto implementamos un sistema de sugerencias e ideas nuevas, fomentando la participación de todos y premiando las mejores ideas presentadas. Busqué convertir esto en parte de nuestra cultura. Hoy puedo decir con orgullo que:

En los últimos años, las mejores ideas y soluciones han surgido de todos menos de mí. Y yo he aprendido a quedarme más callada y a escuchar mejor.

Hemos crecido hasta tener seis plantas de producción, la última ya asesorados por expertos en procesos, refrigeración y plantas de alimentos, a quienes hace unos años no podíamos pagarles. Hoy podemos darnos ese lujo y construir algo pensado a largo plazo, de manera profesional, pero siempre acompaña-do de todas las ideas, sugerencias y experiencia de nuestros gerentes y jefes de área.

Y así llegó el día, después de la sucursal número 20, casi por arte de magia (así lo sentí, aunque por supuesto fueron muchos años de entrenamiento y cercanía), en que finalmente varios de mis gerentes de áreas, o encargados de alguna parte del ne-gocio, empezaron a tener más liderazgo e iniciativa, a hacer una gran parte de las actividades que yo antes realizaba, has-ta llegar al punto en que hoy en día, como lo platicaba antes, solo comunico internamente que acabo de firmar un contrato y abriremos una sucursal nueva, para que todas las decisiones y adquisiciones necesarias se hagan sin que yo me tenga que in-volucrar. Lo mismo sucede en las plantas de producción, con-forme hemos ido creciendo, la compra de maquinaria, mejores prácticas y gran parte del crecimiento corre por parte de nues-tros colaboradores. ¡Qué maravilla es ir creciendo todos juntos! Ellos en responsabilidades y capacidad de ejecución y yo en tiempo para hacer las cosas en las que más sumo, donde siento que es importante mi colaboración, análisis o decisión.

Para que esto se dé, para que una empresa pueda crecer orgánicamente, a buen ritmo, con más seguridad, experiencia y riqueza, **el líder, el emprendedor, debe confiar en que otros pueden hacer las cosas igual o mejor que él.** Es una mezcla de confianza y de voluntad de soltar el control, pasar de ser el que todo lo sabe y decide al director de orquesta, un líder que constantemente les recuerda el propósito de la empresa, la vi-sión, que los inspira, motiva y que les muestra el rumbo hacia dónde ir.

Un buen líder es aquel que consigue que los otros brillen, quien saca lo mejor de cada persona, incluso más de lo que ellos mismos se sentían capaces de hacer.

La confianza en mi equipo es una de las virtudes que me ha permitido construir la compañía que tenemos hoy sin una sensación de inmenso cansancio y grandes sacrificios. Primero lo hice de manera natural, luego estudié y aprendí más del tema y ahora entiendo por qué las cosas me salieron bien.

Entendí que un buen líder es aquel que, con su mirada, su ilusión y sobre todo su confianza, consigue despertar en los demás el deseo de hacer cosas grandes e importantes, de ponerse a la altura y verse a sí mismos tal como los están mirando.

Las miradas construyen, a nuestros hijos y también a nuestros colaboradores. Es fundamental retar a las personas de nuestro equipo a hacer las cosas cada vez mejor, buscar mayores resultados, más grandes utilidades y más eficiencia. La gente más brillante aprecia y necesita los retos y desafíos.

## CRECIMIENTO Y DESARROLLO DE TUS COLABORADORES

Por fortuna muchas personas valiosas han crecido junto con la empresa a lo largo de los años. Hoy son mis colaboradores más cercanos, aquellos que fui eligiendo para crecerlos, por su honestidad, por su compromiso y sus capacidades. Siempre he estado convencida de que son personas talentosas a quienes, al darles las herramientas adecuadas, la educación y las oportunidades que no habían tenido, han dado lo mejor de sí y han obtenido puestos de mayor responsabilidad y remuneración. Gracias a su esfuerzo y dedicación han cumplido sus sueños, siendo ejemplo para los demás y siendo parte de una gran misión.

Recuerdo cuando Sor, al crecer sus responsabilidades dentro de la empresa y convertirse en gerente de Producción, venía a mi oficina casi llorando y me decía que sus excompañeros —ahora subalternos— no le hacían caso, se burlaban de ella y no la obedecían. Yo le contestaba: "Sor, tú eres súper lista. Sabes más que nadie de producción, ¡claro que puedes! Te he visto y sé que tienes todo para ser una gran jefa de esa área". A la mujer no le quedaba de otra que regresar y seguir intentando, segura de que yo debía tener razón y que con un poco más de esfuerzo ella podría llegar a cumplir mis expectativas y las de su equipo. Y así fue. Hoy en día es una estupenda gerente con más de 500 personas a su cargo y una capacidad sorprendente de ejecución, planeación, innovación y mejora constante. ¡Nunca deja de sorprenderme! Y yo nunca dejo de agradecerle todo lo que ha puesto para llegar a ser la empresa que somos hoy.

Cuando Sor llegó a trabajar conmigo, en la época en la que aún operábamos desde mi casa, no tenía ni la secundaria terminada. Para mí es un gran orgullo verla hoy, dominando temas complejos de producción y estadísticas, siempre con ideas novedosas y valiosas. En 2018 obtuvo el grado de Cinta Negra en Loan Six Sigma (modelo de gestión creado en Japón por Toyota, que se enfoca en minimizar las pérdidas en los procesos de manufactura, utilizando la mínima cantidad de recursos), ha estudiado varios cursos y diplomados, es segura de sí misma y un apoyo determinante en el manejo de la empresa, en la innovación y en el crecimiento. No existe proyecto que le parezca grande, ni reto que considere difícil de superar.

Así como Sor, está la historia de Tere, Flor, Isidro, Miguel, Gris, Óscar, Almudena, Edith, Carmen, Mariana y muchos más, quienes hoy en día son excelentes gerentes de diferentes áreas de la empresa. Todos ellos llegaron a donde están por méritos propios y por un admirable compromiso, primero hacia su persona y crecimiento, después hacia la empresa.

Mi apuesta ha sido crecer a la gente interna, más que contratar personas externas con cierto tipo de preparación.

He preferido invertir en ellos, a quienes fui identificando como personas afines a los valores de la empresa, ¡y me ha funcionado muy bien! Han sido años de talleres, *coaching*, libros, entrega, compromiso y sacrificios por su parte, y, además, inversión por parte de la empresa. Hemos contratado a diferentes consultoras o empresas dedicadas a desarrollar el potencial de liderazgo en áreas como manejo de conflicto, comunicación asertiva, liderazgo de equipos y muchas otras habilidades que la gente puede ir aprendiendo y poniendo en práctica de manera inmediata. Asimismo, hemos promovido con todos ellos el estudio y la preparación continua, invirtiendo en diplomados, cursos y carreras.

## La cultura de trabajo de una empresa tiene todo que ver con los valores y el carácter de su fundador...

(...y quienes no comulgan con ella normalmente no duran). Es la forma en que contagias a tus colaboradores tus valores como persona, tu manera de ser como líder, y esto termina convirtiéndose en la cultura de trabajo de la empresa. Siento un gran orgullo cuando Denisse (sí, la misma de las granolas a quien he acompañado en el crecimiento de su empresa) me comparte que siempre le ha asombrado cómo mi generosidad y mi apertura a compartir la he ido transmitiendo y contagiando a mis colaboradores más cercanos, al grado de que ella sabe que puede buscar a cualquiera de mis gerentes y pedirles ayuda, preguntarles algo, y ellos van a ser generosos y le van a compartir información valiosa, contactos, proveedores, etcétera, que les ha tomado años aprender y conseguir.

Con el paso del tiempo he aprendido que si queremos que un negocio sea grande, exitoso y próspero, tenemos que formar un gran equipo, debemos dedicar tiempo y años a crecer líderes dentro de la empresa, empoderarlos. Depende de nosotros qué queremos tener: personas que solo obedecen, aplauden nuestras ideas y son nuestros fieles seguidores, o personas que nos confronten, reten, cuestionen y expresen abiertamente sus opiniones cuando estas difieren de las nuestras. Individuos que sumen, que sientan y sepan que su presencia en el negocio hace una diferencia.

Y todavía más, aprendí que la empresa debe crear una cultura donde se permita a todos ser "brutalmente honestos", siempre con candidez.

No hay nada más sano en un equipo de trabajo que saber que puedes hablar con la verdad, tanto con tus subalternos como con tus jefes,

que puedes externar lo que piensas sin miedo a ser ignorado o castigado. Y, por consiguiente, hay que asegurarse de que los líderes de la empresa sean lo suficientemente maduros y seguros de sí mismos como para no tomar la retroalimentación de su equipo como algo personal sino como una oportunidad de mejora. Nosotros estamos trabajando en ello, tratando de convertirlo en cultura, porque estoy convencida de que de esta manera creamos un ambiente de trabajo próspero, donde todos decimos cosas que nutren, que agregan valor, y de igual forma estamos abiertos a escuchar retroalimentación que nos ayuda a crecer, cambiar y mejorar, para adecuarnos a la realidad siempre cambiante y cada vez más exigente.

Confieso que esto a mí me costó algo de trabajo, tal vez mucho. No estaba acostumbrada a que me desafiaran, criticaran o rechazaran alguna de mis ideas. Fueron demasiados años de ser esa voz cantante que nadie retaba. Las primeras veces me indignaba o fastidiaba rápidamente, a veces lo disimulaba, otras se me notaba al instante lo incómoda que me sentía. Mis hijas fueron las primeras que me lo hicieron ver (ventajas de tener a los hijos trabajando en la empresa). Con ganas genuinas de mejorar, me puse a leer sobre el tema, lo trabajé en mi terapia y con mi *coach*, hasta que aprendí a quedarme callada, abrirme a sus comentarios, cuestionamientos y retroalimentación.

Hoy sé que es lo mejor que me pudo pasar y de corazón lo agradezco.

En México este es todo un reto, porque culturalmente no siempre está bien visto que la gente que está bajo el liderazgo de alguien le diga directamente a la cara lo que no está funcionando, los puntos ciegos, lo que duele. Para revertir esto, lo ideal es empezar con el ejemplo y con crear espacios, ya sea en las juntas, por correo, o por el mecanismo que mejor funcione en la empresa, para que cada una de las personas que trabaja tenga la oportunidad y la apertura de decir abiertamente, de frente y sin tapujos, cuáles son las áreas de oportunidad, tanto del líder o encargado de su área, como de los procesos internos. Imagínate que, con el tiempo, trabajando un número considerable de empresas y líderes en este tema, podamos algún día tener un país donde no demos tantas vueltas para decir algo constructivo y mucho menos nos callemos por temor a herir los sentimientos de los demás. Que la honestidad y la transparencia reinen y sean la norma.

## Para muestra un botón...

Sin duda, lo que más me gusta de mi empresa es poder hacer una diferencia en la vida de nuestros colaboradores.

Hace poco recibí una carta de Lucía, una mujer que trabaja en la producción de Dolce Natura. Es una carta escrita a mano de 10 páginas, nítida y ordenada. Mi primera reacción fue: "¡Ups, a qué hora voy a leer todo esto!", sin saber lo valioso que tenía en mis manos. He llorado tanto al leer su carta, me conmovió hasta el alma, me sentí tan orgullosa y feliz por haber construido esta empresa que ofrece un montón de prestaciones que no tienen otras, que puede ser vista como la tierra prometida —palabras literales de Lucía—. Por eso decidí compartir su mensaje en el libro. A mis hijas les dije que para esto es para lo que vale la pena trabajar, que después de leer esta carta me determiné más a seguir implementando y buscando nuevas y diversas maneras de apoyar a nuestra gente y hoy lo escribo aquí *para motivar-*

*te a que construyas* tu emprendimiento, empresa o lo que sea que hagas, con esta intención de ser un gran beneficio para los demás y especialmente para tus colaboradores. Te puedo asegurar que no habrá nada que te haga sentir más satisfecha y feliz que esto. No habrá dinero ni premio que le llegue a esta sensación profunda de paz, tranquilidad y entusiasmo al saber que estás haciendo las cosas bien, que estás haciendo una diferencia en la vida de los demás.

Lucía tiene un poco más de un año trabajando con nosotros, y en su carta me cuenta parte de su historia y me agradece el tipo de empleo que ahora tiene al ser parte de nuestra empresa. Ella es madre soltera con un niño, Iván, quien nació con parálisis cerebral; no puede alimentarse solo, no puede vestirse ni hacer nada sin ayuda de ella o de su mamá, quien la apoya mientras ella trabaja. Me contó cómo en sus otros dos trabajos no se había sentido nunca tan agradecida y feliz como aquí; en uno no tenía buen sueldo, pero la trataban muy bien y se sentía valorada, duró siete años trabajando ahí porque necesitaba pagar los medicamentos de Iván y con su horario podía cuidar de él. En el otro le pagaban mejor, pero se sentía un mueble más dentro de la sucursal, jamás tomada en cuenta, ni siquiera mirada. Relata cómo por años pedía encontrar un trabajo accesible en horario y con un buen sueldo, donde también se sintiera valorada, y por ello es que refiere sentirse en "la tierra prometida". Me cuenta que incluso para Iván ha sido una bendición, porque lo nota más estable y mejor, debido a que él alcanza a percibir la tranquilidad y estabilidad de su mamá.

También me agradece la creación de la Fundación Marisa, porque en su experiencia, ser mujer y madre de un hijo con discapacidad todavía hace más grande la brecha de género. En sus dos trabajos anteriores nunca consiguió una promoción o subir de puesto, porque sabían de sus compromisos en casa, y le tocó constatar cómo preferían ascender a compañeros hombres, a veces menos competentes que ella. Leer esta parte me motivó aún más a seguir trabajando en nuestra fundación, la cual tiene como objetivo principal desmontar la desigualdad de género y apoyar esfuerzos para crear una sociedad más justa e incluyente, libre de violencia, donde las mujeres tengamos las mismas oportunidades para desarrollar y vivir nuestros talentos, sueños y proyectos.

Lucía también describe cómo tenía meses queriendo escribir esta carta, pero no se animaba. Ahora lo hace porque gracias a un taller impartido dentro de la empresa, sobre el manejo adecuado de las emociones, descubrió lo atorada que estaba en varios temas y decidió iniciar una terapia psicológica con una de las terapeutas que ofrecemos en la lista de "Médicos Marisa" (tenemos un grupo de más de 40 profesionales de la salud en diversas especialidades, a los cuales pueden llamar nuestros colaboradores y agendar una cita en el horario más conveniente para ellos y solo pagar 50 pesos. La empresa se encarga de pagar el resto). Ha avanzado en su proceso y hoy se anima a escribirme y expresar todo lo que siente. ¡Qué maravilla para ella y para mí que recibí esta carta!

¿Qué fue lo que tanto me movió internamente al leerla? El constatar que:

## Como líderes tenemos la capacidad de mejorar e impactar la vida de las personas que nos rodean.

El darme cuenta de que no se necesita tanto, que, si pensamos no solo en nuestro bienestar sino en el de todos los que trabajan con nosotros, nos sentiremos satisfechos y felices. Que la gente por lo general es agradecida, sabe aprovechar y valorar las oportunidades. Este es el tipo de empresa que quiero seguir construyendo, una que sea de beneficio para el mayor número de personas (esta frase la tengo en mi agenda y la repito todas las mañanas en cuanto me siento en mi escritorio). Además, como efecto secundario, construyes fidelidad y permanencia entre tus colaboradores.

## En México se pueden crear empresas exitosas haciendo el bien al mismo tiempo, con liderazgos conscientes, con propósitos

más elevados y completos que van más allá de la generación de riqueza y dividendos.

La verdadera riqueza está en la posibilidad de impactar positivamente a la gente que trabaja con nosotros, mejorando su calidad de vida y la de su familia.

Todo esto me confirma que tengo el mejor equipo de trabajo que pude imaginar. Todos los días tengo presente esta responsabilidad, donde, si hacemos bien nuestro trabajo, terminamos inculcando a nuestros colaboradores valores, habilidades, idealmente para mejorar la vida de nuestra gente. Qué bueno que en algún momento pasé de solo dar órdenes a escuchar.

Hoy entiendo que el secreto del éxito en la empresa es que ¡no haya una única voz cantante! Hoy todos cantamos y se escucha hermoso.

# 12

# Retos de trabajar con tus hijos en empresas familiares

## De chiquitos a grandes y a la segunda generación

*No hay nada tan simple como la grandeza;*
*de hecho, ser simple es ser grande.*
RALPH WALDO EMERSON

Desde chicas mis dos hijas han trabajado conmigo, primero solo los veranos y poco a poco, una vez que estudiaban su licenciatura, empezaron a involucrarse con más compromiso y tiempo. La llegada de una segunda generación a la empresa puede ser un dolor de cabeza o la mayor de las alegrías, como en mi caso, ¡afortunadamente! Lo cierto es que siempre será un gran reto. Por lo tanto, lo mejor es estar preparados, estudiar, asistir a talleres, aprender de casos exitosos y buscar asesores externos para poder sortear este cambio de la mejor manera, ya que por lo general agita la empresa desde sus cimientos. ¿Por qué se convierte en un reto mayor, poniendo a prueba liderazgos, asunciones y formas de trabajar? Primero porque el dueño, fundadora o directora general está acostumbrada a mandar —confieso que a mí me pasó—, llevar la voz cantante y que nadie le cuestione. Y los hijos siempre cuestionan a los padres, ponen en duda sus ideas y creencias, y además —esto es bueno— tienen la confianza de cuestionar lo que otros no han hecho. Sin lugar a duda la llegada de los hijos implica una nueva manera de trabajar juntos, una mezcla de ilusión, preocupación y una lista enorme de preguntas.

Reconozco que siempre tuve la preocupación de que una vez trabajando dentro de la empresa, mis hijas sintieran que ya tenían su lugar seguro y por ello decidieran cruzarse de brazos, sentarse cómodamente y no hacer grandes esfuerzos por ser mejores líderes. ¿Tendrán ganas de seguir preparándose para ser grandes líderes? ¿Cuidarán a nuestro personal como lo he hecho yo? ¿Honrarán su palabra y serán éticas en todo lo que concierne al negocio? ¿Le tendrán el cariño que yo le tengo y lo cuidarán con las mismas ganas? ¿Serán sencillas y cercanas a nuestra gente? ¿Se preocuparán genuinamente por su bienestar? ¿Seremos capaces de diferenciar y separar los asuntos de familia y el cariño tan grande que nos tenemos, del ámbito del negocio? ¿Seremos, ambas partes, capaces de manejar las dos "cachuchas" que utilizaré yo, la de mamá y la de jefa? ¿Cómo vamos a conseguir que un problema en la empresa no afecte nuestra relación de familia? ¿Seré lo suficientemente madura para reconocer, llegado el momento, si una de ellas tiene o no las capacidades y virtudes necesarias para ser la próxima directora general? ¿Me ganará el amor de madre o pondré primero a la empresa y a toda la gente a la que nos debemos? ¿Seré capaz de contratar a un director externo si eso es lo mejor? ¡Un mundo de inquietudes y preocupaciones! Una a una esas dudas se fueron resolviendo de manera adecuada, mucho mejor de lo que esperé.

Mis dos hijas llegaron a sorprenderme positivamente como líderes. Su mirada joven, innovadora, mucho más *ad hoc*, trajo toda la energía y el empuje que la empresa necesitaba para seguir creciendo y asegurar su permanencia por muchos años más. Ambas empezaron a trabajar en todas las áreas de la empresa, me parecía fundamental que conocieran los diversos procesos, las diferentes habilidades que se requieren y vivieran lo cansadas que pueden llegar a ser ciertas actividades dentro de la empresa y ciertas temporadas, porque estaba convencida de que solo así podrían en un futuro ser líderes dentro de la empresa y saber qué pedir y qué esperar. En las temporadas navideñas les tocó desde estar en tiendas como empleadas de mostrador, picar fresas, decorar cupcakes y pasteles, hasta organizar la producción y luego los depósitos.

La mayoría de los estudios, así como los expertos, recomiendan que los hijos trabajen en otra empresa antes de ingresar al negocio familiar. Como todas las teorías y mejores prácticas, esto depende siempre de la situación de cada líder y, en este caso, una vez más:

> Lo primordial es saber escucharnos a nosotras mismas, saber discernir entre lo que los demás nos sugieren y lo que pensamos que es lo más adecuado, para tomar la decisión que consideremos correcta.

Como líderes, como emprendedores y como padres nos hace falta confiar más en nuestra intuición. Podemos equivocarnos, claro, pero será nuestro error y aprenderemos de él.

Para mí era necesario que mis hijas empezaran a trabajar conmigo en cuanto salieran de la universidad, las necesitaba. En realidad desde que estaban en la carrera trabajaban en la empresa varias horas al día y luego medio tiempo. Desde entonces me di cuenta de que sus aportaciones y su manera de retroalimentarme (criticándome de frente mis áreas de oportunidad, cosa que no hacía ninguno de mis colaboradores) me servían enormemente. Por ello no les sugerí que primero buscaran trabajo en otra empresa. En lo que sí fui muy clara fue en que eran absolutamente libres de buscar otro camino u otra profesión que les llenara más el alma. Para mí era fundamental que ellas se sintieran felices, satisfechas y plenas trabajando conmigo. No quería que fueran a pensar que debían darme gusto, que estaban para cumplir mis sueños, ¡para nada! Es frustrante trabajar y dedicarle la mayoría de nuestras horas despiertas a algo que no encontramos satisfactorio, peor aún si lo hacemos para darle gusto a otro, léase mamá, papá, abuelos, sociedad.

## RETOS, HACERLES SOMBRA O ILUMINAR EL CAMINO

No es cosa sencilla crecer al lado de una madre o un padre exitosos, y menos aún si son de carácter, acostumbrados a hacer su voluntad y reconocidos socialmente. Conseguir que nuestra sombra no sea un impedimento para el florecimiento y brillo de nuestros hijos es una tarea seria y compleja. Es por ello que debemos darle visibilidad, buscar hablar del tema abiertamente y ser conscientes de lo que está en juego.

Resulta esencial no permitir que nuestro ego —sí, ese que va creciendo conforme vamos alcanzando triunfos— nos domine, nos manipule y nos lleve a pensar que nadie puede hacer las cosas mejor que nosotros. Lo primero que hice fue respetar las diferencias, reconociendo que cada hija tiene su forma de ser y de liderar, junto con su muy particular manera de enfrentar los retos. Igualmente es importante identificar sus áreas de oportunidad para que, con cursos, *coaching* y estudios, las fortalezcan, por ejemplo, hablar en público, organizar prioridades, resolver conflictos o delegar. Lo que sí es fundamental es que tengamos presente que ninguno será, ni deberá ser, como sus padres.

## INSTITUCIONALIZAR LA EMPRESA

Para mis hijas y para mí ha sido de gran ayuda asistir a congresos, talleres o conferencias que hablan sobre empresas familiares. Me la paso anotando y anotando ideas, preguntas, consejos; lleno un montón de hojas porque no quiero que se me escape ninguna de las enseñanzas sobre mejores prácticas, casos de éxito y los retos que suelen darse en las diferentes etapas y momentos de este tipo de empresas. Las tres fuimos entendiendo cómo los desafíos cambian con la edad de los protagonistas; a lo largo de diversas generaciones, con los años de trabajar juntos, al enfrentar una crisis, al decidir crecer mercados o al cambiar algún eje fundamental de la compañía. Es indispensable no confiarnos ni cruzarnos de brazos porque actualmente nos llevamos de maravilla, ¡todo puede cambiar! Por eso no dejamos de prepararnos, es una gran responsabilidad el crecer y mantener una empresa familiar.

Como familia empresarial es fundamental trabajar con compromiso y dedicación en institucionalizar la empresa. Confieso que nosotras todavía estamos en el proceso de conseguirlo, nos hace falta un número considerable de pasos, pero las tres estamos convencidas de su importancia y de la necesidad de hacerlo con todo el profesionalismo y el tiempo que sea necesario. Sabemos que esto nos va a permitir tener reglas claras, por escrito, acerca de la toma de decisiones, el organigrama, las funciones, responsabilidades y beneficios de cada miembro del equipo. Con el tiempo, lo ideal es tener consejos separados de familia, empresa y fundación. Lo cierto es que, entre más grande sea la familia, y más generaciones abarque, su manejo será más complejo. En nuestro caso ha sido sencillo porque solo somos tres personas, pero debemos dejar las bases adecuadas para las siguientes generaciones, tratando de asegurarnos de que esta empresa continúe funcionando, principalmente por las más de 1 000 familias que dependen hoy de ella. Esa es nuestra mayor responsabilidad.

Con orgullo puedo decir que mis hijas y yo hemos formado un gran equipo. Nos apoyamos, retroalimentamos, respetamos, enfrentamos retos juntas y sentimos que no hay nada que no podamos aprender, solucionar o implementar. Su amor y compromiso por la empresa y por nuestros colaboradores me da la tranquilidad y la dicha de saber que las cosas seguirán funcionando cuando ya no esté yo liderando el negocio. Mi ilusión es que sigamos disfrutando, como hasta hoy, convivir todos los días y seguir creciendo esta empresa que tanto queremos.

## LA AUTENTICIDAD
## EN EL NEGOCIO FAMILIAR

Con el paso de los años he aprendido
que un buen liderazgo siempre parte
de la autenticidad.

Una hija que busca ser como su madre nunca será auténtica, ni será la mejor versión de sí misma. Independientemente de que nuestros hijos trabajen o no con nosotros, debemos ser capaces de crear espacios, en casa y en el trabajo, donde ellos se sepan queridos y aceptados. Es esencial que sientan la confianza de experimentar, de equivocarse, de elegir cosas diferentes a las que solemos elegir nosotros, romper paradigmas y sentirse orgullosos de sus logros. Crear su propia identidad. Se trata de soltar el control, permitirles implementar nuevas ideas, encontrar su propio estilo de liderazgo, sus pasiones, sentirse realizados y plenos.

Esto no es una tarea sencilla. ¡Para nada! Aunque sepamos que lo más adecuado y sano es dejarlos descubrir y crear su propia identidad, construir su vida y su camino, los padres solemos querer controlarlo todo, evitarles sufrimientos y, por ende, aprendizajes. Como padres, casi siempre creemos que tenemos la razón, que sabemos más que ellos y que, como los queremos más que nadie en el mundo, lo mejor que les puede pasar es que nos obedezcan. ¡Ajá!

Nada más dañino para el crecimiento de un hijo que unos padres sobreprotectores, de esos que hasta van al colegio y regañan al maestro porque le puso malas calificaciones, porque no ha sabido reconocer lo diferente que es este niño que tiene enfrente. ¿Qué les estamos enseñando? Que no pueden hacer nada sin nosotros, que no son lo suficientemente listos y capaces como para solucionar sus propios problemas y al mismo tiempo a culpar a los demás. De esta forma les impedimos crecer, madurar, equivocarse, aprender y saborear los fracasos y los éxitos.

Lo más adecuado es soltarlos, en especial si trabajan en la empresa familiar. Tener presente que harán las cosas de manera distinta, y esto no significa que estén mal. ¡Aún mejor si nos abrimos a aprender de ellos! (¡A practicar la humildad!). Tienen mucho que enseñarnos (en parte, a eso vinieron a este mundo). Hoy puedo decir con satisfacción que una buena parte de quien soy como empresaria y como líder se lo debo a mis dos hijas y por ello siempre les estaré agradecida.

A los pocos meses de entrar a trabajar las dos me dijeron que mi página web estaba horrorosa, con fotos de mala calidad, no era atractiva, no invitaba a "navegar" en ella. Pronto me convencieron de invertir en fotos más profesionales, contratar una empresa de marketing digital y estar mes con mes innovando, sorprendiendo a los clientes. De la misma manera trabajaron en nuestras cuentas de Instagram —que no teníamos—, Facebook, Pinterest, etcétera. Algo en lo que jamás había invertido ni puesto atención. Esto nos ha dado la oportunidad de estar más cercanos a nuestros clientes, de comunicarnos mejor e ir creciendo el número de seguidores y de fans de la marca.

¡Por supuesto que a veces se "aprovechan" de mí! Y me convencen de salir un poco más temprano para ir a ver jugar al Barcelona o a las Chivas. También tomamos varias vacaciones en el año juntas, algunas de ellas de muchos días; soy consciente que son más días de vacaciones que el promedio de los que toman los jóvenes empresarios o emprendedores, pero disfrutamos tanto, convivimos tan a gusto, que no lo cambio por nada. ¿Qué más da? Si cumplen con sus objetivos, si son felices fuera y dentro de la empresa, si vienen encantadas todos los días a trabajar, si sus decisiones y movimientos son cada vez más acertados y si nos disfrutamos tanto trabajando en equipo. Hasta este momento hemos podido mantener el equilibrio; la empresa sigue creciendo con excelentes resultados y nuestra familia es unida y cercana, y yo, confieso, ¡me siento la más agradecida y feliz!

## Nunca dejes de aprender
## (seas primera, segunda o tercera generación)

No podría enfatizar lo suficiente la importancia que ha tenido en mi vida la lectura y estar constantemente buscando nuevos aprendizajes. Si algo recomiendo invariablemente en mis conferencias e intervenciones es que la gente se prepare, lea, estudie, se instruya. Una de mis metas es ser una mejor persona y mejor líder cada año; por ello me verás siempre leyendo, asistiendo a cursos, tomando conferencias por internet, escuchando podcasts, acudiendo a reuniones con gente que admiro y a la que siempre le aprendo. Reconozco que, en mi caso, la lectura es una pasión. Desde que escojo el libro, lo compro y lo hojeo, ya me lo estoy saboreando. Tarde se me hace para llegar a casa y ponerme a leer, o emprender esa vacación tranquila donde sé que tendré tiempo de sobra para disfrutar mis libros.

Por lo regular estoy leyendo al mismo tiempo cuatro o hasta seis libros. Siempre tengo alguno de filosofía budista, otro de liderazgo o negocios, una o dos buenas novelas y alguno que desarrollo una teoría nueva o que me ayude a trabajar con algún hábito o mala costumbre que quiero mejorar, como puede ser aprender a decir que no, o el manejo del tiempo y, por último, alguna biografía interesante. Paso de uno a otro dependiendo de la hora del día. Unos están en mi biblioteca, otros en mi buró y algunos solo los tomo los fines de semana. Ahora bien, tengo ciertos títulos que he leído dos o tres veces o que no dejo nunca de leer, repaso y repaso una y otra vez, encontrando siempre nuevos aprendizajes. Estos los tengo en mi altar donde medito o en mi buró, siempre cerca de mí. Algunos de ellos son *El arte de vivir* de Thich Nhat Hanh, *Vivir bellamente* de Pema Chödrön y *No sudes las cosas pequeñas* de Richard Carlson.

Una de mis costumbres es comprar varios ejemplares de aquellos títulos que me hayan fascinado, que hayan sido de gran utilidad en cierta etapa de mi vida, y los tengo listos para regalarlos a las personas que sé que los disfrutarán o que podrán ayudarlas en algún momento o reto que estén viviendo. Así que en casa tengo siempre varias copias de buenos libros, que en diversas ocasiones me han ayudado a ser más eficiente en mi forma de acompañar, consolar y apoyar a alguna persona querida que está pasando por un momento difícil o que quiere crecer en algún aspecto de su vida. Me gusta ser cercana y contribuir de la mejor manera posible.

El gusto por la lectura lo aprendí de mi padre. Lo recuerdo siempre en su biblioteca, con su café, un cigarro (aunque tenía prohibido fumar) y un libro en la mano. Los gozaba y devoraba con rapidez y gracias a su memoria privilegiada podía recordar cualquier detalle que hubiera leído. Recuerdo que disfrutaba preguntarle el significado de alguna palabra porque sabía, con certeza, que no habría ni una sola que no me supiera explicar. Nunca lo vi frente a un televisor, a ninguna hora del día. Y como los hijos aprendemos más por el ejemplo que por las palabras, yo tampoco me siento nunca frente a un televisor, salvo los domingos por la noche a ver una serie. Cualquier tiempo que tengo libre en mi casa lo paso en mi biblioteca leyendo. Y de fondo, como para hacer ese momento aún más exquisito, siempre escucho un estupendo disco de música clásica o de jazz.

Y así como yo tuve ese gran ejemplo en casa, siempre he tratado de repetir esa misma fórmula con mis hijas. Desde que eran más jóvenes las llevaba conmigo a cuanta conferencia o taller tuviera. Siempre me interesó que aprendieran y escucharan. En un principio se quejaban, porque eran las únicas a quienes su mamá casi obligaba a ir. Pero ya que estaban ahí generalmente les gustaba y les interesaba mucho el tema o lo que aprendían. Hoy en día es algo que agradecen y valoran. Los impactos positivos y el crecimiento se dan poco a poco y la mayoría de las veces implican esfuerzo. Esto hizo que adquirieran el gusto por el estudio, la pasión por los podcasts, conferencias, lecturas y todo lo que tenga que ver con aprender y saber más. Me siento tranquila porque sé que ambas estarán mejor preparadas (¡yo a su edad no sabía ni la mitad de todo lo que ellas saben, ni cerca estaba de su experiencia!) para llevar a nuestra empresa a la siguiente generación, al siguiente nivel y para cuidar de todos nuestros colaboradores con el mismo cariño que lo he hecho yo todos estos años.

**Edúcate, cultívate, ilústrate, asimila lo que vas aprendiendo, detente y piensa cómo lo puedes aplicar.** Haz pausas al leer, date tiempo de reflexionar, de asimilar con calma y profundidad lo que estás leyendo. Profundiza en las ideas, cuestiona, no te creas todo lo que te dicen ni todo lo que tu mente te dice. Experimenta, ensaya, busca nuevas maneras de hacer las cosas, porque lo que te llevó hasta donde estás en este momento (éxito o fracaso) no te llevará al siguiente nivel. Y, sobre todo, disfruta y apláudete en el proceso.

# 13

# Construyendo tu reputación y tu economía de la confianza

## Te van a juzgar sin preguntar

*Preocúpate más por tu conciencia que*
*por tu reputación; tu conciencia es lo que eres,*
*tu reputación es lo que otros piensan que eres. Y lo que*
*los otros piensan de ti no es tu problema.*
CHARLES CHAPLIN

En octubre de 2019 mi hermana Paola —académica, defensora de los derechos humanos, particularmente de las mujeres— fue entrevistada, a título personal, en un programa de radio sobre su postura a favor de la descriminalización de la interrupción del embarazo. Junto con ella entrevistaron a una mujer del grupo Provida, con una postura opuesta. A los pocos minutos de terminar dicha entrevista empezaron a circular en las redes sociales ataques fuertes contra ella, contra nuestra fundación, contra nuestras pastelerías y, de paso, contra mi persona. Al ser Paola miembro del consejo de nuestra fundación nos acusaron de promover el aborto (todavía hasta el día de hoy no conozco a nadie que promueva el aborto), argumentando que Paola era la directora de la fundación (otra mentira) y que por ello nosotras trabajábamos apoyando este tema.

Los ataques duraron varios días, subiendo de tono y de mentiras, fueron duros y muy injustos. Nuestro logotipo aparecía escrito con sangre. Promovían en Twitter, Facebook y WhatsApp que la gente no comprara en Pastelerías Marisa. Decían cosas tan absurdas y fuertes como que "tus manos y tu dinero se mancharían de sangre al comprarles un pastel".

Fueron días difíciles y duros para Paola (la más afectada y apenada de estarnos causando problemas y manchar el nombre de la recién lanzada fundación), para Annie, la directora de la fundación, para mis hijas y para mí. Era doloroso ver cómo gente que me conoce, al igual que quienes no me conocen, no se tomaban la molestia de verificar si esa información era real y solo copiaban y compartían, haciendo esto más grande y viral. Juzgaban desde el hecho de que mi primaria la haya estudiado en un colegio laico, hasta el hecho de haberme divorciado y, por ende, literal, haber perdido todos mis valores.

Aprendimos mucho de esta crisis —una vez que disminuyó el coraje, la frustración y la tristeza—, como idealmente se debe hacer si queremos crecer, abrazar y aceptar lo que la vida nos presenta.

## PRIMER APRENDIZAJE

¡Cuidado con las *fake news*! No debemos compartir ningún mensaje o noticia si no estamos seguros de su veracidad. Lo ideal es tomarnos el tiempo de preguntar, indagar un poco; por ejemplo, con solo entrar a la página de internet de nuestra fundación podías comprobar quién era la directora y cuáles son nuestros cuatro objetivos centrales, ninguno de ellos relacionado ni remotamente con la interrupción del embarazo.

Hoy en día, como nunca, las personas detrás de una computadora o un celular pueden destruir marcas, cambiar políticas de una compañía y hacer pedazos a una persona o proyecto, sin medir las consecuencias, sin revisar a todos los que están siendo afectados con tal o cual acusación. Vemos personas publicando contenido irrelevante, incendiario u ofensivo en línea, con el único objetivo de provocar o disgustar al prójimo. Algunas veces por llamar la atención, porque están aburridas o porque simplemente les gusta buscar conflictos escondidos tras la pantalla (muchos obtienen una ventaja económica ya que cada *share* se traduce en ganancias). La mayoría de las veces porque opinan diferente que tú o porque sus valores no coinciden con los tuyos. Una de las características de la sabiduría es saber respetar y escuchar las opiniones diferentes a las nuestras.

Lamentablemente, una de las virtudes que más ha perdido fuerza en nuestros tiempos es la tolerancia a las diferencias. Una buena parte de los graves problemas que enfrentamos por todas partes del mundo se debe a nuestra intolerancia, a nuestra incapacidad de ser incluyentes. Pareciera como si deseáramos —algunos de verdad lo desean— que a nuestros conciudadanos los azote un terremoto solo por no pensar como nosotros.

Uno de los efectos menos discutidos sobre esta época impulsada por las redes sociales es que sutilmente promueve la moralización. Esta moralización es un problema por lo poco que realmente sabemos de casi cualquier tema y por lo fácil que es hacer juicios, atacar y acosar desde el anonimato. Antes pensaba que la habilidad más importante que teníamos que desarrollar en este mundo que siempre está "en línea", conectado, era enseñarnos a manejar nuestra atención.

Pero, conforme el mundo se ha ido convirtiendo en uno más polarizado, lleno de odios e intolerancias, con desinformación apareciendo en todas partes, la habilidad de reservarnos ese juicio moral, tomarnos más tiempo en llegar a conclusiones, se ha convertido en la habilidad crítica para no solo sobrevivir en este mundo conectado las 24 horas del día, sino para evitar lastimar a los demás de manera injusta con nuestras palabras y opiniones.

## Segundo aprendizaje

En este tipo de situaciones lo que más te puede ayudar, como persona o como compañía, es tener una fuerte y firme *economía de confianza*. Toma tiempo construirla, pero vale toda la pena. La "cuenta bancaria" de esta economía se va llenando a lo largo de los años, cada que publicas algo en redes; si lo que dice tu compañía es verdad (por ejemplo, que una línea de productos está endulzada con Stevia y no con azúcar, o que alguno de tus productos son libres de gluten), conforme tu clientela o personas relacionadas con tu marca van comprobando que esto es cierto y que:

Todo lo que publicas es veraz,
dentro de su inconsciente crece la idea
de que tú, tu marca o compañía son
de confiar, son auténticas.

Para construir una fuerte, resistente y valiosa economía de confianza necesitas:

- Comunicar siempre la verdad.
- Ser congruente. Tus acciones dentro
  de la empresa deben ser consistentes con
  lo que presumes afuera.
- Tener una constante y permanente
  comunicación en las redes sociales con tu clientela.
- Mostrar tus valores y cómo los viven
  dentro de la empresa.
- Compartir logros y también retos de la empresa.
- Hacer sentir a tus clientes que son parte de la
  empresa, que su opinión es tomada en cuenta.

Esta economía de confianza también se construye con congruencia y la necesitarás cuando alguien te ataque injustamente; porque la gente, tus seguidores, clientes y compañeros que creen en ti saldrán a defenderte públicamente, y hablarán bien de ti y de tu compañía. Y aunque no lo hagan en público, lo harán internamente, llegando a la conclusión de que eso que están diciendo de ti o de tu marca no es cierto, porque ellos "te conocen" y confían en ti desde hace mucho tiempo.

Esto fue precisamente lo que nos sucedió en esos días del ataque injusto y lleno de mentiras al que fuimos sujetas. En pocos días fueron muchos más los comentarios positivos sobre mi persona, sobre la empresa y nuestra manera de operar que los negativos. La gente se peleaba en las redes sociales, nos defendía, compartiendo historias nuestras, por ejemplo, que donamos pasteles a las casas hogar, que apoyamos tal o cual causa de beneficencia, que estamos comprometidos con nuestra comunidad, y muchas cosas más. Por supuesto, mis amigos y la gente que nos quiere escribieron con respeto sobre mí, sobre mi responsabilidad social y el tipo de ciudadana y emprendedora que he sido, sobre nuestra fundación y sus deseos de crear una ciudad con mejores oportunidades para las mujeres. ¡Recibí cientos de muestras de solidaridad!

Incluso salió publicado un artículo de una reportera mostrando esta historia, de cómo quisieron atacarnos y cómo al final terminamos convirtiéndonos en la pastelería favorita del país, porque varios artistas y personajes a nivel nacional, con cientos de miles de seguidores, al enterarse de lo que estaba en juego se manifestaron públicamente a favor de nosotros y de seguir comprándonos.

Fue un momento de gran vulnerabilidad para mí, algo totalmente nuevo, pues siempre había sido aplaudida en mi camino, con mis emprendimientos, con el lanzamiento de la fundación, con mi participación ciudadana y las diversas actividades en las que me he involucrado. Así que me sirvió, y mucho, sentir en carne propia lo mal que la pasa una persona cuando la atacan —de manera injusta y con mentiras—, ya sea a ella, o a algo en lo que cree o ha construido.

Lo que más me pesó fue el ataque a nuestra fundación, porque apenas estábamos dándonos a conocer, porque solo teníamos buenas intenciones, queríamos y queremos trabajar para lograr la equidad de género en nuestra ciudad y habíamos dedicado casi un año a su planeación, con entrega, compromiso y generosidad de todos los consejeros. Nadie está exento de este tipo de ataques y riesgos. Vayamos cuidando más lo que compartimos, decimos, aseguramos y criticamos. Y por supuesto practiquemos la compasión y el respeto hacia los demás, enseñemos esto a nuestros hijos, construyamos una cultura así en la empresa. Donde sea que participemos, pongamos el ejemplo, evitemos emitir juicios a la primera y miremos y escuchemos a los demás con ganas de aprender y de entenderlos.

Nuestra fundación seguirá trabajando con el mismo entusiasmo y entrega para sumarnos en la lucha por la defensa de los derechos femeninos, convencidas, como dice Belén Sanz Luque, representante de ONU Mujeres en México, de que el trabajo por los derechos de las mujeres y la igualdad de género es el impulso más transformador de nuestro tiempo y el que tiene mayores posibilidades de generar el cambio estructural que queremos ver en nuestra sociedad y en nuestro mundo.

## ¡CUÁNTO NOS PODEMOS PERDER EN LA VIDA POR TENER UNA MENTE CERRADA!

Hace un par de años tuve la fortuna de tomar un taller con el empresario y emprendedor Dan Pallotta, en el cual nos platicó cómo llegó a la cumbre con su organización procausas sociales y cómo ésta terminó cerrada después de unos años. Es triste, pero hasta la gente que busca hacer el bien puede ser atacada y destruida injustamente, por prejuicios, por romper paradigmas y por hacer las cosas de manera diferente. La historia que comparte Dan en su libro *Uncharitable* es un ejemplo impresionante, tanto que la Universidad de Harvard escribió un caso sobre su historia. Dan es el creador de Pallota Team-Works, la organización mundial que creó los eventos deportivos de AIDS Rides y Breast Cancer. Estas carreras a pie o en bicicleta eran organizadas para recaudar fondos para causas nobles, como la lucha contra el sida o el cáncer de mama, por mencionar un par de ejemplos. Llegaron a convertirse en las carreras con causa que más dinero han conseguido en la historia de la filantropía. Y no estoy hablando de dos veces más, sino de medio billón de dólares más, para ser exacta. Es decir, cientos de veces más de lo que se ha logrado juntar en la historia de la filantropía.

Dan realizó esto de una forma novedosa, con eventos absolutamente diferentes a los de su tipo. Lo que más diferenció su trabajo fue su profesionalismo. Él decidió construir una empresa en toda la extensión de la palabra. Para ello buscó a los mejores profesionales y directivos, pagó sueldos acorde al mercado y atrajo talentos de talla mundial. Se basó en su teoría:

No puedes hacer las cosas a gran escala y con grandes resultados si no tienes a la mejor gente trabajando para ti.

No importa cuál sea la causa que persigas, si quieres hacer la diferencia en tu área, debes ser profesional y rodearte de gente de primer nivel.

Su crítica abierta señala cómo la mayoría de las organizaciones civiles que trabajan en pro de una causa noble y que buscan cambiar una realidad injusta no lo consiguen porque lo hacen con un equipo de segunda, con sueldos bajos; sin soñar en contratar a egresados sobresalientes de cualquier universidad. Por supuesto que existen también asociaciones civiles con bajo presupuesto que hacen un gran trabajo, son admirables e importantes. Para sustentar su teoría, Dan se basó en datos históricos, mostrando cómo la humanidad lleva cientos de años luchando contra la pobreza, el hambre y otros males de nuestro mundo. Y aunque lo hemos hecho con las mejores intenciones, la realidad es que no hemos conseguido hasta el día de hoy grandes resultados. Explica que esto se debe principalmente a que esta forma de colaboración y de trabajar toma como punto de partida la noción religiosa de la austeridad (¡sí, esa que sigue vigente desde hace varios siglos!). El problema es que en el área de la filantropía no hemos permitido como sociedad y cultura que se utilicen los grandes avances del libre mercado, del capitalismo y de la competitividad. Esto nos ha atado a una serie de creencias que ya no tienen cabida en nuestra época, por ejemplo, el que las personas que trabajan en una asociación civil o fundación deben hacerlo por un bien mayor, por ganarse el cielo, de preferencia sin esperar nada a cambio, ¡mucho menos un buen sueldo!

Con su empresa Dan rompió paradigmas, fue atrevido y audaz: "¿Quieres participar en esta causa contra el sida? Muy bien, para hacerlo con nosotros debes conseguir una suma de donativos de al menos 10 000 dólares". Y la gente lo conseguía, ¡eso y más! A cambio, él y su equipo organizaban un evento de primer nivel, con casas de campaña montadas con todas las comodidades, esperándolos al término de su día de correr o de pedalear. Cenas, conferencias, talleres y un sinnúmero de actividades para que los participantes se concentraran en pedalear y cumplir su meta, sabiendo que al final del día encontrarían a otros voluntarios, amigos, aprendizajes, todo ello en un ambiente cómodo y propicio para descansar.

En su primera carrera para la lucha contra el sida consiguieron dos millones y medio de dólares. La campaña que los precedía, llevada a cabo por otra asociación en pro de la misma causa, había conseguido 125 000 dólares. ¡Fueron todo un éxito en este y en muchos más eventos que organizaron! Sin embargo, su manera de hacer las cosas no le pareció correcta a la gente, acostumbrada a la forma clásica de hacer filantropía, en la que nadie gana dinero por "hacer el bien". Este fue el paradigma que quiso romper. Al no conseguirlo y al recibir tantos ataques y críticas su empresa terminó por colapsar. ¡Increíble! Lo acostumbrado es que una asociación civil invierta no más de 10% de sus recursos en su nómina, que nadie haga negocio y que se trabaje, de preferencia, de manera voluntaria y desinteresada. ¿Por qué los que quieren cambiar al mundo deben seguir haciendo votos de pobreza?

Para poner en contexto, hace poco más de un año me invitaron a unirme a un movimiento mundial que busca sumar a empresarios a que hagan un compromiso firmado de donar 1% de sus utilidades a obras de beneficencia. ¡Solo 1%! Mi gran sorpresa fue enterarme de que no se han sumado tantos como se esperaba y los que lo hacen son considerados *muy* generosos. Dan, en cambio, construyó una empresa que donaba 90% de sus utilidades y él se quedaba con 10% como ganancia por trabajar tiempo completo, invirtiendo todo su talento y creatividad. ¡Y esto no les pareció! ¿Cómo era posible que estuviera ganando una buena cantidad de dinero ayudando a los demás? ¡Eso no está bien visto en nuestra sociedad! No importa si estás entregando millones de dólares a esas causas, si se está por fin invirtiendo en investigación, en dar seguimiento y en realmente cambiar la realidad. "Tu forma de hacerlo no es la usual, no la aceptamos." En la prensa, en todos los medios y en entrevistas, los líderes de opinión y hasta algunos de los empresarios que solo donaban 1% lo criticaron abiertamente por hacer algo tan "inmoral".

Me detuve a explicar esta historia porque me parece un caso interesante y triste de cómo

nuestros prejuicios y paradigmas, cuando no los revisamos, cuando creemos fervientemente en ellos y los defendemos a capa y espada, sin abrirnos a escuchar otras lecturas de la realidad, pueden destruir grandes oportunidades.

(Un libro espectacular sobre este tema es *Think Again*, escrito por Adam Grant, filósofo y pensador de nuestro tiempo.) Hoy Dan Pallotta se dedica con gran éxito a dar conferencias y talleres basados en su libro; comparte los aprendizajes que tuvo, con el fin de concientizar a la comunidad filantrópica sobre la importancia de cambiar estos paradigmas. Bien por él, pero podría seguir organizando eventos de recaudación de fondos, juntando millones de dólares para las causas que más duelen a la humanidad y seguramente cambiando estas realidades.

¿Qué paradigmas tienes tú que nunca te has detenido a revisar? ¿Crees que alguno de ellos te puede estar frenando de conseguir cosas más grandes y relevantes? ¿O tal vez uno que otro de estos te lleva a sufrir más o sentirte culpable por ser ambiciosa, o por dedicarle una buena parte de tu tiempo a perseguir tus sueños? ¿Has pagado un precio alto por ser una persona que decide hacer las cosas de manera diferente a lo que se acostumbra en tu familia?

De ahí la importancia y necesidad de rodearnos de personas diferentes a nosotras. La riqueza está en la diversidad.

## Economía de la confianza dentro de tu empresa

Por último, quiero compartirte un ejemplo más sobre las ventajas de tener una buena economía de confianza. En 2020, cuando llegó la pandemia de covid-19, algo que me ayudó a implementar los cambios que el manejo de esta crisis nos exigía fue la fuerte y positiva economía de la confianza que tengo con mis colaboradores. En esos meses caí en cuenta de lo esencial que es construirla de manera sólida y me alegré de haberlo logrado en años anteriores, porque esta nunca es tan necesaria y útil como en época de crisis.

Tengo presente cómo en esos días los empresarios buscamos espacios para platicar y compartir mejores prácticas, para externar nuestros temores o las dificultades que estábamos enfrentando con esta crisis. Así fue como me enteré de que una parte de ellos estaba teniendo dificultades para implementar los cambios exigidos por el gobierno federal para poder seguir operando, porque sus colaboradores se quejaban, no querían sumarse y estaban sorprendidos al ver que ese no era mi caso. Fernando y Tere, dos amigos empresarios, me preguntaron ¿a qué creía que se debía esta diferencia? Les platiqué sobre la economía de la confianza y más preguntas surgieron: ¿cómo había conseguido construir una economía de alta confianza? ¿Qué había hecho bien en esos años anteriores?

Lo primero a tener en cuenta es que no son acciones premeditadas que se hacen en el momento de la crisis, sino que tiene más que ver con la forma de actuar en el día a día por años; hablando siempre con la verdad, buscando ser una líder cercana, justa y ética. Partiendo de cosas tan sencillas y comprometidas como pagar todas las horas extra a cada colaborador o repartir utilidades a tiempo y completas, así como abiertamente comunicar cuando me he equivocado, cuando estamos enfrentando un reto fuerte que nos compete a todos o una crisis en la empresa. ¿Qué consigues con esto? Que tus colaboradores, en su inconsciente, o conscientemente, vayan haciéndose una idea de quién es su líder, de qué tipo de empresa es en la que están trabajando, y lo ideal, como me pasó a mí, es que sabrán a ciencia cierta que pueden confiar en ti. Mis colaboradores tienen una economía de confianza alta hacia mi persona, por lo tanto saben que nunca haré nada para aprovecharme de ellos, que siempre son mi principal preocupación e interés, que pueden confiar en mí. De ese modo, cuando nos enfrentamos a esta crisis de la pandemia, lo que yo les decía, pedía o comuniqué me lo aceptaron, creyeron y se sumaron. Ellos abrazaron los cambios con más apertura y disposición porque sabían que era por el bien de todos, y que si queríamos seguir operando, tanto en la fábrica como en sucursales, debíamos modificar horarios, protocolos, uniformes y espacios de trabajo.

Me sentí orgullosa y tranquila porque estos son los resultados de haber sido auténtica con ellos, transparente, nunca con una doble agenda, sino con un verdadero deseo de dar lo mejor y construir juntos una buena organización. Aprendí y les comuniqué que las crisis ponen a prueba nuestra visión del negocio y nuestros valores, por lo que los movimientos que hagamos deben ser con un propósito claro y bien pensado entre todos. Algunas veces toca desarrollar una nueva visión como equipo y debemos buscar la forma de escuchar a todos, no solo a los líderes. Sin embargo, el porqué o la misión de la empresa siempre es la misma. Existen muchas formas de alcanzar ese "por qué" y pueden ir cambiando con el paso del tiempo o las crisis.

A pesar de lo complicado que era este reto me moví confiada, con un optimismo que salía de nuestros valores genuinos y de mi convicción en las capacidades de los otros, sobre todo de mi equipo de liderazgo. Este es el tipo de energía que puede hacer que todos, la organización incluida, se muevan hacia adelante. Es decisivo recordar que en momentos de crisis todos voltean a ver al líder y su actitud es determinante en la forma en que se conciben los retos, la esperanza y la confianza para salir adelante.

Siempre hay alguien
mirándonos, observando nuestras
expresiones, lenguaje no verbal
y actitud ante la adversidad.

Cuando la pandemia disminuyó recibí cartas, correos y muestras de agradecimiento de mis colaboradores por el manejo de esta. Me compartieron cómo ver mis videos, escucharme siempre positiva y sonriente, estar constantemente informándoles, hablando con la verdad, fue la gran diferencia para ellos. Les dio tranquilidad, certeza y la confianza de que juntos saldríamos de este reto. ¡Y así fue!

El primer aprendizaje sobre la importancia de crear una sólida economía de la confianza es que se debe construir con tiempo, no esperar a tener una crisis para echar mano de ella. El segundo, que se debe construir con honestidad y transparencia y sobre todo con un genuino deseo de hacer las cosas bien, es decir, **debe ser auténtica y congruente con tu manera de actuar, de comunicar, de tomar las decisiones del día a día y de manejar tu empresa, tu marca o tu emprendimiento.** Y finalmente el tercero, que, a diferencia de otras economías, esta no se desgasta o acaba por usarla durante una crisis, por el contrario, entre más pasa el tiempo, y más continúas haciendo las cosas de manera correcta y ética, más se va fortaleciendo y creciendo.

# 14

# Salir de tu zona de confort

## Me encantaría nadar con tiburones, pero jamás me imaginé ser uno de ellos

*Haz lo que te atemorice.*
ELEANOR ROOSEVELT

La zona de confort es ese espacio en el que nos sentimos seguras y protegidas, uno que hemos construido con nuestras rutinas y hábitos, con todo aquello que nos es familiar y en el que estamos relativamente a gusto, porque no nos exponemos a grandes sorpresas o sobresaltos. **Lo crucial es trabajar y tomar riesgos para que esa zona de confort sea cada vez más amplia, para no condenarnos al estancamiento y aburrimiento.** Debemos asegurarnos de que ese estado de aparente comodidad no se convierta en la excusa perfecta para no hacer nada, no crecer, no arriesgarse y, en definitiva, no vivir. Ahora que lo pienso, a lo largo de mi vida he salido de mi zona de confort en diversas ocasiones, siempre aprendiendo, siempre creciendo y siempre decidida a seguir haciéndolo. Como cuando me salí de mi cocina y cochera y renté un local grande para montar mi primera fábrica o como cuando dije que sí a participar como tiburona en *Shark Tank* México.

Ese era un día de trabajo como cualquier otro. Me encontraba entre llamadas con proveedores y una negociación para rentar un nuevo local cuando, de repente, recibí un mensaje de un querido amigo, Jorge Zepeda Paterson, de quien hacía mucho no sabía. Cuál va siendo mi sorpresa al enterarme de que me buscaba para preguntarme si podía darle mi teléfono a su yerno, Ricardo Farías, quien quería platicar conmigo sobre el programa de *Shark Tank* México. ¿A mí? ¿Me buscan a mí para participar en él? ¡¡¿De verdad?!! No lo podía creer. Emocionada, le dije que por supuesto. Conocía a Ricardo por una entrevista que le hicieron en el podcast de "Dementes", uno que escucho con frecuencia por los aprendizajes que me deja y una de mis entrevistas favoritas es justo la de él; tiene una historia de vida admirable, de resiliencia, de esfuerzo, de amor por el estudio, por la cultura, y es un ejemplo de cómo crearte la vida que tú quieres tener. En fin, de verdad es uno de los podcasts que más he recomendado escuchar. Así que me senté emocionada a escucharlo a él y a Kirén Miret, productora de *Shark Tank*, a quien también "conocía" por el mismo podcast y a quien había empezado a admirar desde ese día por su valentía como mujer, por su inteligencia, congruencia y honestidad para ir rompiendo paradigmas y porque, además, no se toma nada personal.

Platicamos un buen rato. Para mi sorpresa me conocían más de lo que yo imaginaba —mis conferencias, mi historia, escritos, participaciones, reconocimientos, estilo de liderazgo, etcétera— y estaban convencidos de que yo era un perfil ideal para ser tiburona. Más convencidos que yo, porque después de analizar el perfil de los tiburones en las diferentes versiones de *Shark Tank* en varios países creí que yo era más bien un delfín. Al ver los capítulos me daban ganas de pararme y apapachar a los emprendedores cuando les tocaban solo comentarios negativos sobre su producto, además de que me cuesta trabajo hacer retroalimentaciones negativas. El caso es que mi forma de ser como líder es más de estar constantemente echando porras, viendo el lado positivo de la gente y de las cosas, además de que no me gustan los pleitos ni las confrontaciones —uno de mis grandes retos en la vida—. Esto no les pareció un problema, les gustaba mi perfil y mi manera de ser, les parecía un buen cambio tener una tiburona diferente. Hoy entiendo que hay muchas maneras de ser "tiburón", que lo importante es tener buen olfato para distinguir aquellos proyectos o emprendedores a los que vale la pena apoyar e invertir. ¡Y eso definitivamente sí lo tengo!

De esta forma terminé aceptando participar, sobre todo porque era una oportunidad para colocarme en una plataforma admirada y respetada, con la cual mi mensaje de motivar a las mujeres a que emprendan, persigan sus sueños y construyan la vida que desean, sin sentirse culpables —mi principal propósito en la vida—, podía llegar a tener un impacto mayor, a nivel nacional y no solo local como hasta ese entonces. Como no estaba segura de qué tan bien haría mi papel, en un inicio acepté participar exclusivamente en tres capítulos especiales donde solo tendríamos emprendedoras mujeres y en los cuales por primera vez seríamos tres *sharks* mujeres y dos *sharks* hombres. A pesar de morirme de nervios y de no poder dormir de la angustia por salir en la televisión, ante la posibilidad de ser vista por millones de espectadores y, sobre todo, compartir escenario con grandes figuras públicas como Arturo Elias Ayub, Ana Victoria y Rodrigo Herrera, quienes tienen toda la experiencia de haber participado por años en *Shark Tank* México, dije: "Va, le entro y le voy a echar todas las ganas".

Con nervios y la garganta literalmente cerrada de la angustia, sin haber dormido bien la noche anterior, llegué a grabar mis primeros capítulos. Mi única tranquilidad era que me había preparado con entusiasmo y dedicación. Las semanas anteriores dediqué gran parte de mi tiempo a ello; revisé capítulos de otras temporadas y otros países de este icónico programa, me reuní con amigos expertos en evaluar empresas tecnológicas, emprendimiento o en invertir capital semilla. Anotaba todo lo que me enseñaban, elaboré mapas mentales, listas de mejores preguntas, de mejores prácticas y de todo aquello que sentía que podría servirme en las grabaciones, ahora en mi papel de tiburona novata.

Igualmente en las grabaciones, ya en el set, ponía atención a todas las recomendaciones que me hacían los expertos del programa, fueran editores de contenido, camarógrafos o líderes del proyecto. Incluso preguntaba constantemente qué podía mejorar, dónde veían áreas de oportunidad para mí, y todo lo anotaba y ponía en práctica. Bueno, casi todo, menos el ser más dura con los emprendedores, porque eso sí nunca me salió auténtico, ni natural.

Finalmente aquel primer día de grabación llegué con dos herramientas que sé que son infalibles: *mi sonrisa y mis galletas.* ¡Ambas me han abierto tantas puertas! Así que muy sonriente llevé galletas para todos porque, además, me parecía importante que conocieran la calidad y delicia de nuestros productos. Desde el primer día todos los tiburones y la gente de producción fueron amables y cálidos conmigo, lo que provocó que me sintiera como en casa desde el principio. Pruebas de maquillaje, vestuario, ensayos, sentarme en una silla tan icónica, filmación, fotos, entrevistas y demás; todo lo fui viviendo con gran expectación, nervios, emoción, poniendo todo de mi parte para hacer mi mejor papel. Observaba cómo lo hacían los tiburones expertos, qué los distinguía, cómo abordaban a cada emprendedora, qué preguntas hacían, dónde ponían su atención y por qué decidían aprobar o desaprobar algún emprendimiento. Aprendí de ellos, pero también confié en mis conocimientos, en mi experiencia, y decidí apegarme lo más posible a mi filosofía de hacer negocios y ser absolutamente auténtica. Esto funcionó, al grado de que al final de grabar esos tres capítulos iniciales me invitaron de inmediato a volver la próxima semana y grabar algunos de los capítulos de la sexta temporada. ¡No cabía de la emoción! Les había parecido extraordinaria mi participación y me querían de nuevo en el escenario. Feliz dije que sí y regresé a grabar sintiéndome más segura y tranquila.

Me tocó vivir todo tipo de experiencias, unas muy graciosas, como cuando me equivoqué y en vez de decir "black kitchen" —muy seria en mi papel de *shark*— ¡dije "black chicken"! Alejandra, la *shark* que estaba al lado de mí, a quien no se le va una, se dio cuenta al instante, me lo hizo ver entre risas y todos soltaron las carcajadas. Se burlaron tanto que hasta se convirtió en una broma entre nosotros que luego siguió apareciendo en las grabaciones. ¡Me dio mucha pena! Pero no hubo forma de convencer a Kirén de que no saliera al aire. En otra ocasión se me rompió el pantalón al tratar de subir a una silla gigante dentro del escenario, en plena grabación, y lo peor es que ni cuenta me di, sino hasta mucho más tarde. Y, por si fuera poco, incluso lloré con un *pitch* sumamente emotivo, de plano no pude contener las lágrimas, siempre he sido llorona. También me pasó que no hice nada bien unas prácticas de geometría, mostrando que era una materia que no dominaba en lo absoluto. Me quedé muda en otras ocasiones o echaba rollos muy largos, con ganas de enfatizar un punto clave sobre las mujeres y me costaba mucho trabajo ser concreta y decirlo con menos palabras.

Pero lo mejor fue que me divertí un montón, aprendí, me mostré humana, tal cual soy, y el resultado me dejó contenta y satisfecha. Comprobé una vez más que sí podemos hacer cosas difíciles. Definitivamente me salí con creces de mi zona de confort.

Una de las razones por la que desde un inicio me decidí a participar fue porque sabía que estaría rodeada de gente talentosa, interesante, culta y preparada. Eso para mí es un imán fortísimo; nada más atractivo que las buenas conversaciones, ya sean de negocios, intelectuales, profundas o prácticas, las que te dejan enseñanzas. Una vez más descubrí que mucha de la gente talentosa y exitosa suele ser sencilla, amable, dispuesta a ayudar y apoyar. Aprendí y disfruté más de lo que imaginaba, se me pasaban los días volando, y aunque terminaba exhausta por la demanda que un papel así requiere, siempre salía al finalizar el día con una gran sonrisa. Creo que incluso más grande que con la que llegaba por la mañana.

Otras de las razones que me motivaron a entrar a *Shark Tank* México fue saber que me convertiría en una persona pública, más conocida, con muchos más seguidores en mis redes y todo esto me daba la oportunidad de que tanto mi libro como mi podcast, mis conferencias y todo el contenido sobre mujeres, emprendimiento, liderazgo cercano y humano que tanto me gusta compartir conseguiría llegar a miles de personas más. Sentía que podía mostrar en la televisión, en un programa tan educativo como es este, otra manera de ser líder, otra forma de hacer negocios, no mejor ni peor, simplemente diferente. Que se vale y se puede ser cálida, empática, que puedes poner el énfasis en lo positivo, llorar, ser dulce, amable al negociar y también obtener buenos resultados. Me entusiasma sobre todo inspirar a otras mujeres, ser un referente para las más jóvenes, porque en nuestro país todavía tenemos pocos ejemplos y las mujeres líderes seguimos construyendo realidades atractivas e interesantes para estas niñas que vienen detrás.

¡Me alegro tanto de haber aceptado! Pienso tomar con enorme compromiso y responsabilidad ser una figura pública, tener más relevancia e influencia; aprovecharlo para generar más conversaciones constructivas y mandar el tipo de mensajes y valores que de verdad me interesa fortalecer en este país que tanto quiero.

México necesita el talento de los más jóvenes, sobre todo de sus mujeres, que por décadas hemos estado restringidas, para que por fin creamos y confiemos en nosotras.

Y que no se nos olvide que lo hecho en México puede ser de calidad mundial, que los mexicanos, cuando nos decidimos, podemos mostrar todos nuestros talentos, creatividad y profesionalismo.

¡Grabar *Shark Tank* México ha sido una de las mejores experiencias de mi vida! Principalmente por los grandes aprendizajes que me dejó.

Primera lección:
Decir que sí aunque nos dé miedo.

Aventarnos y hacer esas cosas que están fuera de nuestra zona de confort, esas que parecen imposibles, esas que te obli-

214

gan a prepararte más, a vencer miedos, a dar el paso en vez de quedarte cómoda donde estás haciendo lo que ya sabes hacer. Pocas vivencias nos permiten crecer y fortalecernos, como vivir y entrarle a este tipo de experiencias, aventuras y proyectos donde no somos las expertas, ni las que más sabemos, donde no nos movemos como pez en el agua, pero podemos aprender a hacerlo; si estamos dispuestas siempre podemos aprender.

Después de esta experiencia me di cuenta de que siempre me he forzado a vivir momentos como este. Recordé que igual de cerrada tenía la garganta por la angustia el día que di una conferencia tipo TED en Dubái, frente a más de 2 000 empresarios exitosos de todo el mundo. Me temblaban las piernas, como el primer día de grabación de *Shark Tank*, y me cuestionaba si mi historia tenía algo que aportar a todos estos hombres y mujeres inteligentes y preparados que ya habían escuchado a lo largo de su vida cientos de excelentes conferencias. He aprendido que por más que avancemos y tengamos logros, las dudas nunca nos abandonan, ni las ganas de quedarnos confortablemente sentados en nuestro sillón, lo importante es que aun con dudas y miedos digamos que SÍ y nos aventuremos. Generalmente sucede que te llevas gratas sorpresas, como en el caso de Dubái, en donde, por haber aceptado, a modo de regalo y apoyo los organizadores me otorgaron por dos meses la asesoría de Katerina Billoury, *coach* griega experta en TED talks, con quien aprendí un montón de tips y herramientas para lograr un mejor impacto con mis conferencias. Ensayé tanto que incluso el día de la boda de mi hija, en el salón de belleza, mientras le ponían el tocado y nos arreglaban a las dos, le recitaba mi conferencia para que me corrigiera mi pronunciación en inglés. La gente me volteaba a ver como diciendo: "¡De verdad esta mamá está loca! A quién se le ocurre practicar una magna conferencia el día de la boda de su hija". Pues... ¡a mí! Jajaja. ¡Estaba a tres días de volar a Dubái! Y qué bueno que venía preparada y más tranquila, porque el escenario y las pantallas eran mucho más grandes de lo que yo imaginaba. Lo hice muy bien y al terminar sentí una enorme satisfacción al ver la respuesta positiva de mi audiencia y saber que al vencer este miedo me convertí en una persona más segura, más fuerte y más decidida.

Hubiera sido más cómodo no participar, no "meterme al ruedo" ante miles de miradas, de críticas y de dudas. Pero como dice Brené Brown, escritora de varios bestsellers, investigadora y conferencista mundial, "si no estás en el ruedo arriesgando que te den una patada en el trasero, no estoy interesada en tu retroalimentación". Y nos invita a preguntarnos cuál es el riesgo más grande. ¿Soltar lo que los otros piensan de ti, o soltar cómo te sientes tú, lo que crees y lo que eres? Yo, al igual que ella, quiero estar en el ruedo, quiero ser valiente. "Y cuando tomamos la decisión de arriesgarnos a lo grande, nos exponemos para que nos den patadas en el trasero. Podemos elegir ser valientes y mostrar coraje, o podemos elegir quedarnos en la zona de confort. Pero no podemos tener ambos, no al mismo tiempo."

## Segunda lección: Tenemos que prepararnos con compromiso y dedicación para enfrentar nuestros retos sin importar cuáles sean.

Aun sabiendo que somos expertas en otras áreas y que hemos conseguido grandes logros, cada nuevo proyecto o participación requiere de nuestra humildad para reconocer lo que no sabemos, preguntar, estudiar, investigar y llegar lo mejor preparadas que podamos. Aquí la palabra clave es *humildad* y la actitud que debemos adoptar es la de un estudiante incansable. No hay excusa hoy en día; toda la información que necesitas está en los medios digitales; sin mucha inversión puedes acceder a un mundo ilimitado de conocimientos, talleres, discusiones, lecturas, investigaciones, podcasts, audiolibros, etcétera. Yo ando por mi casa con mi bocina portátil en la mano, escuchando podcasts en cualquier momento del día, y me detengo a escribir o a tomar notas cuando el aprendizaje es novedoso e interesante para mí, también puede que compre el libro del entrevistado o aquellos que recomienda durante su participación.

Sea el reto que sea, debemos prepararnos, investigar, como lo hice yo viendo programas de *Shark Tank* de otros países, aprendiendo de los que llevan años haciendo este papel, de estos tiburones experimentados y también con amigos empresarios expertos en negociar y participar en inversiones semilla. Leí y sigo leyendo libros sobre emprendedurismo, sobre los errores comunes que cometen los emprendedores, sobre mejores prácticas, siempre buscando estar más y mejor preparada.

## Tercera lección: Rodearte de gente preparada, experta en lo que hace, te da la oportunidad de aprender de los mejores y elevar tu nivel de conocimiento en algún tema, y con la práctica y el tiempo, podrás convertirte en experto también.

Esto aplica para todas las áreas de nuestra vida; en el trabajo, por ejemplo, hay que ser lo suficientemente sabias y humildes para reconocer en qué no somos expertas, de qué tipo de conocimientos o atributos carecemos y contratar o hacer equipo junto con las personas que tienen esas cualidades para compensar las tuyas y para seguir aprendiendo. No podemos ni debemos tener todas las respuestas ni todos los conocimientos, pero sí podemos crear el mejor equipo que la empresa, el proyecto, la fundación o la asociación necesita.

Que no te dé pena preguntar. Acércate a los expertos, busca a las personas que harán que no te detengas. Pídeles consejos, busca inspiración u orientación para dar los pasos necesarios para conseguir tus sueños.

## Cuarta lección: Así como yo me siento infalible con mi sonrisa y mis galletas, tú también tienes

tus armas poderosas que te ayudarán
a superar cualquier reto
que te propongas.

¿Las ubicas? ¿Las aprovechas? ¿Tienes claro qué es lo que te hace diferente de los demás? ¿Has ido creando la vida que soñaste con ellas o las tienes dormidas e inutilizadas porque te has dedicado a vivir la vida que los demás esperan de ti? ¿Qué tanto confías en ti, en tus capacidades, habilidades y talentos?

Nadie más en el mundo sabe qué es lo mejor para nosotras, ni cuándo debemos salir de nuestra zona de confort, por ello confía y escucha tu voz interior y construye esa vida única que es la tuya. Estamos aquí para poner nuestro granito de arena en el mundo, y por medio de nuestras ideas y sueños podemos intentar cambiarlo para bien, gracias a quienes somos y lo que ponemos en la mesa.

# Conclusiones

## Sentirte satisfecha no por el logro, sino por el esfuerzo

*Cuando pensamos que la felicidad debe tener una forma particular, fracasamos en poder ver las oportunidades de alegría que están frente a nosotros.*
THICH NHAT HANH

Este libro lo escribí motivada al ver que reiteradamente me preguntan por mi historia, por las prácticas que me han funcionado, por mi fórmula de éxito. Cómo le hago para siempre estar contenta o para conseguir un crecimiento importante en mi empresa sin jamás verme agobiada, y cómo es que podemos trabajar mis hijas y yo de manera armónica y eficaz. La gente me ve disfrutando cada paso, gozando en donde quiera que esté, sea una junta de consejo formal, obviamente probando mis galletas, en una reunión de participación social, o sentada una tarde en el jardín jugando con mis nietas.

Para escribirlo tuve que volver la vista atrás y reflexionar en todo aquello que había hecho bien, así como en mis errores, tropezones y aprendizajes a lo largo del camino, y descubrí que incontables veces hacemos las cosas mejor de lo que imaginamos, incluso mejor de lo que los demás esperan. Imagino que mientras me leías te identificaste o reconociste en parte de las cosas que viví, los mensajes que desde niña recibí y los hábitos e ideas que desarrollé. Nada deseo más que te des cuenta de que todo es modificable y perfeccionable, que podemos incluir siempre ideas nuevas —como las que comparto en este libro y un montón más—, que podemos romper paradigmas, que en nosotras está el cambiar, el comprometernos a respetarnos, a ser asertivas, a poner límites y a ser congruentes subiéndole el volumen a nuestra voz interior. Tienes todo para ser feliz —acuérdate, no necesitas más reconocimiento, ni la pareja ideal o el cuerpo perfecto—, deja de compararte y decreta qué es éxito para ti, cómo lo quieres conseguir y qué camino vas a seguir.

Ahora te toca a ti poner en práctica y aterrizar aquellos conceptos o ideas que más te apasionen. ¿Qué creías antes que ya no defiendes hoy? ¿Qué de lo que leíste sientes que puedes poner en práctica? ¿Con qué te gustaría empezar, dónde percibes que estás más atorada o cuál de los hábitos te vendría bien hacer tuyo? Por favor, que no se queden en la emoción, en una lectura inspiradora y nada más.

Se trata de vivir la vida que cada una desea, no la que se espera que cumplamos, ni la que parece que hará felices a los demás. ¡No más de eso! A partir de ahora decidimos vivir y hacer lo que a nosotras nos hace sentir satisfechas, lo que nos mueve, inspira y donde sabemos que podemos dejar huella, con un propósito generoso y auténtico.

Vamos tras nuestros sueños, no tras la aprobación de los demás. Vamos por nuestra felicidad, no a cumplir expectativas ajenas.

Vamos a construir nuestro legado, ese que al final de nuestros días nos haga sentir profundamente orgullosas y no arrepentidas de una vida desperdiciada.

Atrás quedaron los miedos, las culpas y el agobio por querer que todo el mundo nos aplauda y aprecie. Con querernos y aceptarnos a nosotras mismas es suficiente. Que yo me sienta tranquila, contenta y realizada será mejor para todos los de mi alrededor, ¡sí! Porque las personas felices no suelen andar por la vida criticando y lastimando, sino disfrutando y compartiendo todo lo bueno que tienen.

## Que cada vez seamos más las mujeres definidas, decididas y asertivas.

Este es el ejemplo que merecen nuestras hijas, sobrinas y demás niñas que vienen detrás de nosotras. Esto es lo que nos toca hacer a esta generación de mujeres, que honra y respeta a todas las que nos abrieron camino antes, les agradecemos parándonos en sus hombros, con fuerza para que las siguientes generaciones se paren en los nuestros.

Con el paso de los años, y sobre todo al escribir este libro y resumir mis ideas, caí en la cuenta de que construí mi empresa de una manera diferente a lo usual. Desde no pedir un solo peso de crédito, no hacer planeaciones estratégicas —jamás le pongo un número al porcentaje que vamos a crecer al año—, hasta mi relación con mis colaboradores, la confianza que he tenido en sus capacidades, cómo los he impulsado a crecer y la compasión con la que me relaciono con ellos, enfrento los retos y las crisis. Aquellos amigos empresarios que en un principio cuestionaban —siempre con cariño y respeto— mi forma de manejar el negocio hoy me dicen que le siga así, que voy muy bien, y sobre todo envidian lo poco que me estresa la empresa y el tiempo limitado que le dedico a ella —solo mis mañanas—. Lo que me funcionó fue hacerle más caso a mi intuición que a las recomendaciones externas, confiar en mí, en mis capacidades y hacer las cosas acordes con mis valores, que al final del día me permitieran sentirme satisfecha y en paz.

Asimismo, mi estilo de liderazgo es en cierta manera distinto; cercano, cariñoso, afectivo, emotivo, sobre todo con un genuino deseo de que cada vez les vaya mejor a todos mis colaboradores, y eso es algo que ellos sienten y perciben. Constantemente recibo muestras de cariño, de interés y sé que les gusta y se sienten tranquilos bajo mi liderazgo. Sentir su agradecimiento, aprecio y valoración —saber que he podido hacer una diferencia en su vida— es de las cosas más hermosas que me pasan y de las que me motivan a ser cada día una mejor persona y líder para ellos. A mis hijas les repito todo el tiempo que para ellos trabajamos, que esto es lo que vale la pena en la vida.

Para finalizar, te comparto algo más que hace poco descubrí: que mi pasión por aprender, leer y asistir a cursos y talleres no siempre me sirve del todo. ¡Ajá! Por más que anote —puedo llenar libretas enteras con mis apuntes—, si no llego al día siguiente a mi oficina o casa y escribo las dos o tres cosas que voy a hacer diferentes, si no las pongo en práctica y les doy seguimiento puntual, se quedan en un aprendizaje interesante, incluso en uno que cuestionó y movió mis entrañas, pero nada más. Necesito aterrizar, ejecutar e implementar para que se conviertan en realidad.

La pasión por sí sola no es suficiente,
se requiere perseverancia,
constancia y disciplina.

Esto que te voy a decir puede sonar contraintuitivo, pero no lo es. Mientras avanzas en tus reflexiones, en tu determinación, en tu deseo de cumplir tus sueños, de participar más cívicamente, o tal vez de tener más y mejor impacto en las personas con las que trabajas o te rodean, mientras buscas tener un liderazgo más consciente, permítete sentirte satisfecha y feliz. No esperes a conseguir tal o cual cosa, el hecho de que estés leyendo un libro, de que busques aprender, ya te pone en una buena posición para sentirse orgullosa. Nuestra sociedad nos ha condicionado para sentirnos insatisfechas con quienes somos, con lo que tenemos, con nuestra apariencia y con lo que hacemos. Nuestro cerebro está cableado para la insatisfacción, la evolución nos dio a ti y a mí un cerebro que se encuentra en un constante estado de insatisfacción. Usualmente pensamos que deberíamos ser diferentes de quienes somos, tener más y hacer cosas mejores que las que estamos haciendo.

# La verdadera riqueza está en la satisfacción,

en estar contentos hoy. Practica y promueve la creencia de que "somos suficientes", siéntete contenta y satisfecha hoy.

Claro, busca ser mejor, para mí es apasionante incluir cosas nuevas en mi vida, pero hazlo desde una plataforma distinta, no desde la carencia y el reproche, sino desde la tranquilidad, gozando el momento presente, este que estás viviendo ahora, el único que tienes. Si el placer y la satisfacción fueran permanentes existiría poco incentivo para continuar buscando mejores y mayores beneficios y ventajas.

Como nos recuerda el Dalai Lama:

## Sentirnos satisfechas con nuestra vida es mejor que una vida exitosa.

Porque el éxito está medido por otros, mientras que nuestra satisfacción está medida por nuestra alma, mente y corazón. Cambiemos nuestra definición de éxito: sentirnos satisfechas con nuestra vida es tener una vida exitosa.

Hagas lo que hagas, te involucres en lo que te involucres, donde quiera que tu camino te lleve, no te olvides de compartir, de extender tu propósito de vida, de siempre buscar impactar al mayor número de personas. Recuerda, una vida con sentido es aquella que logra cambiar, para bien, la vida a las personas que toca. Saborea cada logro, cada granito de arena que vas poniendo, cada paso que das. Que lo que hagas toque a tu comunidad, familia, amigos, vecinos, compañeros de trabajo, conciudadanos, y a tu país, a este México maravilloso, diverso, que por demasiado tiempo se ha perdido del 50% de su talento: las mujeres.

# Anexo
## Recetas deliciosas y fáciles

Estas recetas están revisadas por mí, las he horneado varias veces, incluso algunas de ellas, como el pastel de manzana y el pay de pera (¡sí, ese que fue el primero que vendí!), las llegué a vender al inicio de mi negocio. No dejé fuera ningún ingrediente, ni tampoco algún paso, así que las puedes hacer con toda la confianza y tranquilidad de que te van a quedar bien.

Son muy sencillas, con la idea de que las hagas en familia, con tus hijos, pareja, nietos y que disfrutes el proceso. También los ingredientes son simples, regularmente los tenemos en casa o los venden en cualquier supermercado.

## Pay de pera con almendras

### PASTA

- 200 gramos de harina (1 ½ tazas)
- 100 gramos de mantequilla
- 80 gramos de azúcar glass (½ taza copeteada)
- 1 cucharada de agua
- 2 yemas de huevo
- 1 cucharadita de vainilla
- 1 pizca de sal

Prepara la pasta poniendo todos los ingredientes en la mesa y mezcla, integrando con ayuda de una pala de madera o cualquier utensilio de cocina, pero de madera, tratando de tocar lo menos posible con las manos, hasta tener una pasta uniforme.

## DECORACIÓN

- 4 peras grandes
- 1 taza de azúcar
- 4 cucharadas de mermelada de chabacano

Parte las peras por la mitad, pélalas, quítales el corazón y ponlas a cocer en agua con la taza de azúcar (entre más verde la pera añade más azúcar y más tiempo de cocimiento). En cuanto hiervan sácalas y escúrrelas muy bien. Déjalas en un papel servilleta y rebana finamente, sin perder la forma de la pera, solo rebana.

## RELLENO

- 130 gramos de almendra molida
- 130 gramos de mantequilla
- ½ taza copeteada de azúcar
- 2 huevos
- 1 cucharadita de vainilla
- 1 chorrito de licor (puede ser brandy o ron)
- 1 puño de harina

Revuelve en la batidora primero la mantequilla y el azúcar, luego agrega los huevos y todo lo demás.

Acomoda primero la pasta bien extendida y delgada. Después esparce de forma pareja el relleno y encima coloca las peras acostando las rebanadas, pero sin desbaratar la forma de la pera. Una en medio y todas las demás alrededor.

Hornea a 150 °C hasta que la pasta de almendras dore un poco. Deja enfriar y úntale encima la mermelada de chabacano previamente diluida con un poco de agua en el fuego.

Esta receta es para un molde
de pay redondo y grande, si no lo tienes
deja fuera un poco del relleno.

# Galletas de mantequilla

## PASTA
- 700 gramos de mantequilla sin sal
- 300 gramos de azúcar blanca
- 1 350 gramos de harina

## DECORACIÓN
## (ELIGE UNO DE LOS INGREDIENTES ¡O TODOS!)
- Nuez picada
- Chispas de colores
- Chocolate derretido
- Azúcar de colores
- Azúcar glass

Esta es una receta tan sencilla que
¡no podrás creer que las galletas queden
tan ricas con solo tres ingredientes!

Precalienta el horno a 150 o 180 °C con 15 minutos de anticipa-
ción, mientras reúnes los ingredientes.

Acrema* la mantequilla en la batidora hasta que quede bien
esponjada y poco a poco agrega primero el azúcar y después la
harina. Esta se debe integrar con calma, para que se vaya incor-
porando sin dejar grumos.

*¿Qué es acremar? Batir la mantequilla
y el azúcar durante dos o cuatro minutos
(hasta que esté suave). Empiezas despacio
y luego subes la velocidad.

Una vez que tienes la masa, extiéndela con un rodillo (si la sientes
muy pegajosa, hazlo entre dos plásticos; no le pongas más harina porque entonces no te quedarán desmoronadas), de manera
que te quede pareja, no con unos lados más gruesos que otros,

sino todo uniforme. Córtala con el molde que tengas, puede ser uno redondo, o con forma de animalitos o de corazón.

Ponlas a hornear en una charola previamente engrasada.

Puedes variar cada vez la receta: antes de meterlas al horno decóralas con lo que se te antoje, puede ser nuez picada, azúcar granulada, chispas de colores, chocolate, lo que quieras, todo les va bien. Otra opción es no decorarlas y una vez que salgan del horno espolvorear solo con azúcar glass.

Hornea 15 o 20 minutos, hasta que queden cocidas, pero no doradas. Cada horno es diferente, por lo que vale la pena poner atención al principio.

# Pay de nuez

## PASTA/COSTRA
- 200 gramos de mantequilla
- 85 gramos de azúcar
- 390 gramos de harina

## RELLENO
- ½ taza de mantequilla derretida
- ¾ de taza de azúcar morena
- 4 huevos
- 1 taza de miel Karo (etiqueta roja)
- 1 cucharada de vainilla
- 1 pizca de sal
- ⅔ de taza de nuez picada

Precalienta el horno a 160 °C.

Mezcla los ingredientes de la pasta en la batidora, queda chiclosa, no le pongas más harina. En un refractario redondo (no engrasado) extiende la pasta con la mano sin presionar mucho, o puedes extenderla entre dos plásticos con un rodillo y después colocar sobre el molde. Encima coloca un pedazo de papel encerado (con la cara para arriba) y frijoles crudos para evitar que se infle.

Hornea por 20 minutos a 160 °C. Saca del horno y deja enfriar.

Para el relleno, bate los huevos hasta que queden espumosos. Enseguida agrega la mantequilla tibia y todos los demás ingredientes, menos la nuez, que se revuelve a mano al final y se vierte sobre la costra de pay. Hornea de 40 a 45 minutos.

# Pastel alemán

### RELLENO

- ½ taza de cacao en polvo
- ½ taza de agua tibia
- 150 gramos de mantequilla
- 1 ½ tazas de azúcar
- 4 huevos (separar yemas de claras)
- 1 cucharadita de vainilla
- 2 ½ tazas de harina
- 1 cucharadita de bicarbonato
- 1 pizca de sal
- 1 taza de leche agria (con 6 gotas de limón; agregarlas al principio)

Precalienta el horno a 150 °C.

Disuelve el cacao con el agua tibia y ½ taza de azúcar. Acrema la mantequilla en la batidora, después agrega la taza de azúcar restante, enseguida las yemas, de una en una sin dejar de batir. Luego el chocolate, que ya no debe estar caliente, la vainilla, la harina, la sal, el bicarbonato, alternando con la leche, y por último las claras a punto de turrón *solamente* con la espátula en forma envolvente. Divide en dos moldes grandes redondos para pastel o en tres chicos, engrasados y enharinados. Hornea aproximadamente 30 minutos a 150 °C.

## BETÚN DE CUBIERTA

- 2 latas de leche evaporada
- 2 tazas de azúcar
- 6 yemas batidas con tenedor
- 1 barra de mantequilla
- 2 cucharaditas de vainilla
- 1 taza de coco rayado
- 2 tazas de nuez picada

Cocina todo en una cazuela, menos la nuez y el coco, durante 12 minutos a fuego lento para que se espese. Hay que estar moviendo para que el huevo no se cueza y no se pegue. Por último, ya fuera de la estufa, agrega la nuez y el coco. Con este betún se rellena en medio de las dos capas de pan y, posteriormente, se cubre todo el pastel por fuera.

# Galletas gigantes de chispas de chocolate

- 2 ¼ tazas de harina
- 1 cucharadita de bicarbonato
- 1 pizca de sal
- 1 taza de mantequilla con sal que no esté fría, déjala afuera del refrigerador 30 minutos y estará perfecta; ¡no la derritas!
- 1 ½ tazas de azúcar morena
- 1 huevo
- 2 cucharaditas de vainilla
- 2 tazas de chips de chocolate semiamargo

Salen aproximadamente 20 galletas.

Precalienta el horno a 180 °C. A esta temperatura vas a hornear las galletas.

En un cuenco mezcla los ingredientes secos (harina, bicarbonato, sal). Acrema la mantequilla y el azúcar con tu batidora eléctrica. Agrega el huevo y la vainilla y vuelve a batir despacio.

Añade los ingredientes secos. Bate despacio mientras se incorporan, luego un poco más rápido.

¡No debes batir demasiado! ¡Esto es clave! Bate solamente hasta que veas que la harina se incorporó a la mezcla de mantequilla, azúcar y huevo. Tu masa de galleta no se debe ver ni muy suave, ni muy cremosa, ni demasiado pegajosa... más durita que cremosa.

Agrega las chips de chocolate y vuelve a batir. En este punto debes batir muy poco, menos de un minuto. Prepara dos bandejas refractarias con papel encerado.

Hornea las galletas por 8-10 minutos. Yo prefiero sacarlas a los 8 minutos porque me gusta que queden bien suaves y ligeramente crudas por dentro. Las dejo enfriar sobre la bandeja caliente por 2-5 minutos.

# Barritas de dátil

## RELLENO
- 1 ½ tazas de dátil picado
- 1 taza de agua caliente
- 1 cucharadita de vainilla

## PASTA

- 1 ¼ tazas de azúcar
- 1 taza de mantequilla
- 1 taza de nuez picada
- 1 ½ tazas de avena
- 1 ½ tazas de harina
- ½ cucharadita de carbonato
- 1 pizca de sal

Precalienta el horno a 180 °C.

Engrasa un molde cuadrado de cristal o aluminio mediano.

Cuece los dátiles en el agua y la vainilla hasta que se forme una pasta espesa como una pulpa uniforme y deja enfriar. Este es tu relleno.

Mezcla los ingredientes de la pasta y divide esta masa en dos partes.

Coloca una parte de la pasta sobre el molde preparado y encima vierte la mezcla de dátil, y acaba con la otra parte de la pasta hasta cubrir muy bien el relleno de dátil.

Hornea 15 minutos a 180 °C, más 15 minutos a 140 °C. Asegúrate de que la mezca sí quede cocida, pero cuida que no se pase para que no se reseque.

Deja enfriar fuera del horno, y cuando todavía esté tibio parte en cuadros o en rectángulos para obtener las barritas de dátil. Se puede consumir al momento o guardar en un cualquier recipiente de aluminio que cierre muy bien para que dure varios días.

# Rosca de nuez

## RELLENO

- 300 gramos de mantequilla
- 300 gramos de azúcar
- 300 gramos de harina
- 300 gramos de nuez molida
- 10 huevos
- 2 cucharadas de polvo para hornear

Precalienta el horno a 150 °C y engrasa un molde grande, de preferencia en forma de rosca.

En un bowl acrema la mantequilla y el azúcar. Agrega solo las yemas, el polvo para hornear y la nuez. Añade la harina poco a poco.

En otro bowl bate las claras a punto de turrón.

Envuelve con una espátula las claras a punto de turrón en la mezcla de harina, y vacía en el molde.

Hornea por 45 minutos a 150 °C o hasta que al introducir un palillo en el pan salga limpio.

## SALSA/BETÚN

- 2 latas de leche condensada
- 2 tazas de agua
- 4 yemas de huevo
- 1 cucharada de vainilla
- 1 cucharada de mantequilla
- 100 gramos de nuez picada

Coloca todos los ingredientes, menos la nuez, en una olla a fuego medio/bajo. Mezcla hasta que hierva y espese un poco, retira del fuego y cuela. Espera a que se enfríe.

Baña la rosca con esta salsa. Si sientes que es mucha, puedes reservar un parte en un bowl pequeño y poner al lado de la rosca para que cada quien se sirva al gusto.

Puedes agregar la nuez
directo en la salsa o al final
para decorar la rosca. Ambas
versiones quedan deliciosas.

# Pay de limón

### COSTRA
- 1 paquete de galletas Marías molidas
- 1 barrita de 90 gramos de mantequilla derretida

### RELLENO
- 2 latas de leche condensada
- 5 yemas de huevo
- Jugo de 6 limones
- Ralladura de 2 limones verdes
- 1 cucharadita de vainilla

### BETÚN
- ½ taza de azúcar
- 5 claras de huevo
- 1 cucharadita de vainilla
- ½ cucharadita de cremor tártaro

Primero mezcla los dos ingredientes de la costra y con la parte de atrás de una cuchara extiende la masa en un refractario redondo. Cuida que todos los lados queden parejos.

Incorpora todos los ingredientes del relleno con un tenedor y viértelos en la costra. También se pueden licuar.

Bate las claras a punto de turrón con el cremor tártaro o polvo para hornear. Poco a poco agrega el azúcar y la vainilla hasta que queden firmes. Con la ayuda de una cuchara coloca sobre el relleno, cubriendo todo hasta las esquinas, para ir formando chopos.

Mete al horno a 200 °C por 20 minutos aproximadamente, o hasta que el relleno no se sienta aguado sino cocido. Apaga el horno y déjalo adentro por 10 minutos más. Saca y deja enfriar. Después mete en el refrigerador.

# Pastel de chocolate

- 270 gramos de mantequilla
- 2 ⅔ tazas de azúcar
- 4 huevos
- ¼ de cucharadita de sal
- 2 cucharadas de vainilla
- 1 taza de cocoa sin apretar
- ⅓ de taza de agua
- 3 ½ tazas de harina
- 2 cucharaditas de polvo para hornear
- 2 cucharaditas de carbonato
- 2 tazas de leche (no fría, dejarla 30 minutos fuera del refrigerador)
- 2 cucharadas de vinagre

### BETÚN
- 90 gramos de mantequilla
- ¾ de taza de cocoa
- 1 lata de leche condensada

Agrega el vinagre a la leche al tiempo para que se corte.

Bate los primeros cinco ingredientes. Mezcla la cocoa con el agua (quedan pegostes) y agrégasela a la mezcla. Por último añade la leche y los polvos.

Divide en dos moldes redondos de 30 centímetros y hornea 25 minutos a 150 °C.

Desmolda ya fríos y rellena y decora con el betún.
Para el betún, derrite la mantequilla a baño maría, agrega la cocoa pasada por el colador y por último añade la leche condensada. Mueve en la cazuela a fuego bajo hasta que espese.

# Polvorones de nuez

### PASTA
- 400 gramos de harina
- 300 gramos de mantequilla
- 200 gramos de nuez molida
- 75 gramos de azúcar

Precalienta el horno a 130 °C.

Incorpora todos los ingredientes a mano, con un tenedor o una espátula.

Engrasa una charola para hornear.

Haz bolitas con la masa y colócalas en la charola, con cierta distancia para que no se peguen. Hornea por 15 o 20 minutos, hasta que queden ligeramente doradas.

Al sacarlas y mientras todavía estén calientes se pueden espolvorear con azúcar granulada o dejar enfriar y espolvorear con azúcar glass.

# Bibliografía

Ahrons, C. (1995). *The Good Divorce*. EUA: William Morrow Paperbacks.

———— (2005). *We're Still Family*. EUA: Harper Perennial.

Archambeau, S. (2020). *Unapologetically Ambitious*. EUA: Grand Central.

Barderi, M. (2016). *El amor no duele*. México: Urano.

Carlson, R. (1997). *No sudes las cosas pequeñas* [*Don't Sweat The Small Stuff*]. EUA: Hachette Books.

———— (1997). *Don´t worry make money*. EUA: Hyperion Books.

Chödrön, P. (2013). *Vivir bellamente*. España: Gaia Ediciones.

Clarke, R., y R. Knake (2020). *The Fifth Domain*. EUA: Penguin.

Clear, J. (2019). *Hábitos atómicos*. México: Paidós.

Coria, C. (1991). *El sexo oculto del dinero* [*The Money Hidden Sex*]. España: Paidós Ibérica.

———— (2011). *El amor no es como nos contaron*. México: Oniro.

———— (2014). *Los laberintos del éxito*. México: Paidós.

———— (2021). *Las negociaciones nuestras de cada día* (2ª ed.). España: Pensódromo 21.

Doyle Melton, G. (2021). *Indomable*. México: Urano.

Duckworth, A. (2021). *GRIT* [*El poder de la pasión y la perseverancia*]. México: Urano.

Ensler, E. (2005). *The good body*. Canadá: Villard Books.

George, B. (2003). *Authentic Leadership*. EUA: Wiley.

Grant, A. (2021). *Think Again*. EUA: Penguin.

Gulati, R. (2022). *Deep Purpose*. EUA: Harper Business.

Helgesen, M. y Goldsmith, S. (2018). *How Women Rise*. EUA: Hachette Books.

Hodgkinson, T. (2007). *The Freedom Manifesto* [*Cómo ser libre*]. EUA: Harper Perennial.

Holiday, R. (2018). *Un best seller para toda la vida*. México: Océano.

_____, R. (2017). *El ego es nuestro enemigo*. México: Paidós.

Honoré, C. (2018). *Elogio de la lentitud*. México: Océano.

Knight, S. (2019). *Fuck No!* EUA: Voracious.

Kohan, A. (2020). *Y sin embargo el amor*. Argentina: Paidós Argentina.

Lagarde, M. (2008). "Amor y sexualidad". Curso de verano. Madrid: Universidad Menéndez Pelayo.

Lama, D. (2003). *El arte de la felicidad*. México: Debolsillo.

Lamas, M. (2015). *¿Mujeres juntas...?*. México: Instituto Nacional de las Mujeres.

Lavin Bernick, C. (2018). *Gather As You Go*. Self-published.

Lorente Acosta, M. (2014). *Tú haz la comida, que yo cuelgo los cuadros*. México: Crítica México.

Lydia, C. (2018). *#EllosHablan*. México: Grijalbo.

Lubetzky, D. (2015). *Do the Kind Thing*. EUA: Ballantine Books.

Manson, M. (2018). *El sutil arte de que te importe un caraj\** [*The Subtle Art of Not Giving a F\*ck*] (2ª ed.). México: Harper Collins.

McKeown, G. (2022). *Esencialismo*. México: Debolsillo.

Montarlot, A. de, y É. Cadoche (2021). *El síndrome de la impostora*. México: Planeta.

Nestor, J. (2021). *Respira*. México: Planeta.

Nhat Hanh, T. (2008). *Enseñanzas sobre el amor* [*Teaching on Love*]. México: Oniro.

_____ (2018). *El arte de vivir*. México: Urano.

Ngozi, C. (2020). *Todos deberíamos ser feministas*. México: Literatura Random House.

Nooyi, I. (2022). *Mi vida plena*. México: Conecta.

Nothomb, A. (2019). *Golpéate el corazón*. Barcelona: Anagrama

Pallota, D. (2010). *Uncharitable*. EUA: University Press.

Salzberg, S. (2010). *Real Hapiness: The power of meditation*. EUA: Workman Publishing.

Sandberg, S. (2013). *Vayamos adelante [Lean in]*. México: Conecta.

———— (2017). *Opción B [Option B]*. México: Conecta.

Sharma, R. (2019). *El club de las 5 de la mañana*. México: Grijalbo.

Sivers, D. (2015). *Anything You Want [Sigue tu pasión]*. EUA: Penguin.

Sullivan, D. (2021). *The Gap and The Gain [Lo que falta vs. lo que has avanzado]*. EUA: Hay House Business.

Urrea Martin, A. (2020). *Vivir, trabajar y crecer en familia*. México: LID.

Ury, W. (2008). *The power of a positive NO*. Gran Bretaña: Hodder and Stoughton.

Varela, N. (2020). *Cansadas*. México: B de Bolsillo.

Wiseman, L. (2019). *Multiplicadores*. México: Conecta.

# Agradecimientos

A Alejandro Pacheco por su valiosísima ayuda, por darme estructura y apoyo. Quiero también agradecer a todas las personas que revisaron minuciosamente este libro, sus aportaciones, sugerencias y acertados comentarios fueron de gran valor para mí: Karla Zaragoza, Denisse Álvarez, Camila Zepeda, Rafael Diego Fernández, Johanna Slim, Aline Cárdenas, José Luis Reyes, Mariana Molina y Annie Ochoa. También quiero agradecer a Fernanda Álvarez, no solo por apoyarme con la edición de Penguin Random House, sino por hacerlo con tanto entusiasmo, cariño, profesionalismo y compromiso.

*La ambición también es dulce* de Marisa Lazo
se terminó de imprimir en el mes de abril de 2024
en los talleres de Diversidad Gráfica S.A. de C.V.
Privada de Av. 11 #1 Col. El Vergel, Iztapalapa,
C.P. 09880, Ciudad de México.